▶ 动画视频 ＋ 全彩图解

道路交通标志标线大全

郭建英 编

化学工业出版社
·北京·

内容简介

《动画视频+全彩图解 道路交通标志标线大全》精心选取了新交规中的各类道路交通标志标线，如警告标志、禁令标志、指示标志、指路标志、指示标线、禁止标线、警告标线、交警手势、交通事故责任认定等，并对其相关知识和实用内容进行全面解读，供新手老驾驶员学习。

全书主要以彩色图解的形式进行介绍，图片精美丰富，直观易懂，实用性强；涉及具体驾驶操作的内容配套动画演示视频讲解，扫描书内二维码即可观看。图文内容和动画视频相结合，对照学习，有利于快速理解和掌握。

本书适合新手老驾驶员日常学习交通法规使用，也可供汽车驾驶相关培训机构组织教学以及正在进行科目一驾驶考试的驾校学员自学使用，对汽车驾驶和交通安全感兴趣的读者也可参阅。

图书在版编目（CIP）数据

动画视频+全彩图解道路交通标志标线大全/郭建英编. —北京：化学工业出版社，2022.1（2024.6重印）
ISBN 978-7-122-40098-7

Ⅰ.①动… Ⅱ.①郭… Ⅲ.①交通标志-中国-图解 Ⅳ.①U491.5-64

中国版本图书馆CIP数据核字（2021）第210732号

责任编辑：黄 滢　　　　　　　　　　　装帧设计：王晓宇
责任校对：宋 夏

出版发行：化学工业出版社（北京市东城区青年湖南街13号　邮政编码100011）
印　　装：北京瑞禾彩色印刷有限公司
710mm×1000mm　1/16　印张11　字数203千字　2024年6月北京第1版第3次印刷

购书咨询：010-64518888　　　　　　　售后服务：010-64518899
网　　址：http://www.cip.com.cn
凡购买本书，如有缺损质量问题，本社销售中心负责调换。

定　价：69.00元　　　　　　　　　　　　　　　　版权所有　违者必究

前言

PREFACE

众所周知，交通标志标线，是道路交通安全法规中极为重要的内容。可以说，每一位机动车驾驶员在日常行车、上路驾驶过程中，时时刻刻都离不开交通标志标线；每一位机动车驾驶员也都需要遵守这些标志标线的规定，并在其引导下才能完成安全、有序的驾驶过程。因此熟悉和掌握交通标志标线相关知识，对于保证驾驶员日常安全驾驶、避免和减少交通事故的发生至关重要。

然而，在实际的行车过程中，驾驶员们遇到的标志标线不仅种类繁多，而且形式多样，有些标志标线还很复杂难辨，难于快速识别和理解。因此，为帮助广大汽车驾驶员朋友，尤其是上路不久的驾驶新手们，尽快熟悉和掌握道路交通标志标线相关知识，避免和减少交通事故，在化学工业出版社的组织下，特编写了本书。

本书根据最新版《道路交通安全法》《道路交通安全法实施条例》以及2020年11月20日公安部令第123号公布最新执行的《机动车驾驶证申领和使用规定》编写而成。书中精心选取了新交规中的各类道路交通标志标线（2022年10月1日更新），如警告标志、禁令标志、指示标志、指路标志、指示标线、禁止标线、警告标线、交警手势、交通事故责任认定等，并对其相关知识和实用内容进行全面解读，供新手老驾驶员学习。

本书主要以彩色图解的形式进行介绍，全书图片精美丰富，直观易懂；涉及具体驾驶操作的内容配套MP4三维动画演示视频讲解，扫描书内相关章节的二维码即可观看。将图文内容和动画视频对照学习，便于快速理解和掌握。

本书适合新老驾驶员学习交通标志标线相关知识使用，也可供汽车驾驶相关培训机构组织日常教学以及正在进行各科目驾驶考试的驾校学员自学使用，对汽车驾驶和交通安全感兴趣的读者也可参阅。

本书由郭建英编写而成，由于笔者水平有限，书中难免有疏漏和不足之处，敬请广大读者批评指正。

编者

目录

上篇　道路交通标志

第1章　交通标志概述

1.1　交通标志的概念　/002
1.2　交通标志的种类　/002
1.2.1　交通标志安装位置　/003
1.2.2　主标志　/003
1.2.3　辅助标志　/006

第2章　警告标志

2.1　警告路口的交通标志　/007
2.1.1　十字交叉路口标志　/007
2.1.2　错位交叉路口标志　/011
2.1.3　T形交叉路口标志　/011
2.1.4　Y形交叉路口标志　/012
2.1.5　环形交叉路口标志　/013
2.2　警告道路线形变化的标志　/015
2.2.1　急转弯标志　/015
2.2.2　反向弯路标志　/015
2.2.3　连续弯路标志　/016
2.2.4　陡坡标志　/016
2.2.5　道路宽度变化标志　/017

2.3　警告道路动态变化的标志　/018
2.3.1　双向交通标志　/018
2.3.2　注意行人标志　/019
2.3.3　注意儿童标志　/019
2.3.4　注意牲畜标志　/020
2.3.5　注意野生动物标志　/020
2.3.6　注意信号灯标志　/020
2.3.7　注意落石标志　/020
2.3.8　注意横风标志　/021
2.3.9　易滑标志　/021
2.4　警告地貌变化的标志　/022
2.4.1　傍山险路标志　/022
2.4.2　堤坝路标志　/023
2.4.3　村庄标志　/023
2.4.4　隧道标志　/024
2.4.5　渡口标志　/024
2.4.6　驼峰桥标志　/024
2.4.7　路面凸凹标志　/025
2.4.8　过水路面标志　/026
2.5　警告安全事项标志　/026
2.5.1　有人看守铁道路口标志　/026
2.5.2　无人看守铁道路口标志　/026
2.5.3　注意非机动车标志　/027
2.5.4　注意残疾人标志　/028
2.5.5　事故易发路段标志　/028
2.5.6　慢行标志　/028

2.5.7 注意障碍物标志 / 029
2.5.8 注意危险标志 / 029
2.5.9 施工标志 / 030
2.5.10 建议车速标志 / 030
2.5.11 隧道开车灯标志 / 030
2.5.12 注意潮汐车道标志 / 030
2.5.13 注意保持车距标志 / 030
2.5.14 注意分离式道路标志 / 030
2.5.15 注意合流标志 / 031
2.5.16 避险车道标志 / 031
2.5.17 注意不良气候标志 / 031
2.5.18 注意前方车辆排队标志 / 032
2.5.19 新增的警告标志 / 032

第3章
禁令标志

3.1 提示让行的标志 / 033
3.1.1 停车让行标志 / 033
3.1.2 减速让行标志 / 034
3.1.3 会车让行标志 / 034

3.2 限制通行的标志 / 034
3.2.1 禁止通行标志 / 034
3.2.2 禁止驶入标志 / 035
3.2.3 禁止机动车驶入标志 / 035
3.2.4 禁止某种机动车驶入标志 / 035
3.2.5 禁止某两种机动车驶入标志 / 036
3.2.6 禁止非机动车进入标志 / 036
3.2.7 禁止某种非机动车进入标志 / 037
3.2.8 禁止行人进入标志 / 037

3.3 限制行驶方向的标志 / 037
3.3.1 禁止向左转弯标志 / 037
3.3.2 禁止向右转弯标志 / 038
3.3.3 禁止直行标志 / 038
3.3.4 禁止向左和向右转弯标志 / 039
3.3.5 禁止直行和向左转弯标志 / 039
3.3.6 禁止直行和向右转弯标志 / 039
3.3.7 禁止掉头标志 / 040
3.3.8 禁止超车标志 / 040
3.3.9 解除禁止超车标志 / 040

3.4 限制停车的标志 / 041
3.4.1 禁止停车标志 / 041
3.4.2 禁止长时间停车标志 / 041

3.5 禁鸣及限速标志 / 042
3.5.1 禁止鸣喇叭标志 / 042
3.5.2 限制速度标志 / 042
3.5.3 解除限制速度标志 / 042

3.6 限宽及限高的标志 / 043
3.6.1 限制宽度标志 / 043
3.6.2 限制高度标志 / 043

3.7 限制质量及轴重标志 / 044
3.7.1 限制质量标志 / 044
3.7.2 限制轴重标志 / 044

3.8 停车检查及海关标志 / 045
3.8.1 停车检查标志 / 045
3.8.2 海关标志 / 045

3.9 禁止运输危险物品车辆驶入标志 / 046

3.10 区域禁止及解除标志 / 046
3.10.1 区域禁止标志 / 046
3.10.2 区域禁止解除标志 / 046

第4章
指示标志

4.1 指示车辆行驶方向的标志 /047

4.1.1 直行标志 /047
4.1.2 向左转弯标志 /047
4.1.3 向右转弯标志 /048
4.1.4 直行和向左转弯标志 /048
4.1.5 直行和向右转弯标志 /048
4.1.6 向左和向右转弯标志 /048
4.1.7 靠右侧道路行驶标志 /048
4.1.8 靠左侧道路行驶标志 /048

4.2 指示立交路口及环岛路口的标志 /049

4.2.1 立交直行和左转弯行驶标志 /049
4.2.2 立交直行和右转弯行驶标志 /049
4.2.3 环岛行驶标志 /049

4.3 指示单行路及允许掉头的标志 /050

4.3.1 单行路（直行）标志 /050
4.3.2 允许掉头标志 /050

4.4 指示步行及人行横道的标志 /051

4.4.1 步行标志 /051
4.4.2 人行横道标志 /051

4.5 指示鸣喇叭及限速的标志 /052

4.5.1 鸣喇叭标志 /052
4.5.2 最低限速标志 /053

4.6 指示路口先行及会车先行的标志 /053

4.6.1 路口优先通行标志 /053
4.6.2 会车先行标志 /054

4.7 指示车道行驶方向的标志 /054

4.7.1 右转弯车道标志 /054
4.7.2 左转弯车道标志 /054
4.7.3 直行车道标志 /055
4.7.4 直行和右转合用车道标志 /055
4.7.5 直行和左转合用车道标志 /055
4.7.6 掉头车道标志 /055
4.7.7 掉头和左转合用车道标志 /055
4.7.8 分向行驶车道标志 /056

4.8 指示专用车道的标志 /056

4.8.1 公交线路专用车道标志 /056
4.8.2 机动车行驶标志 /057
4.8.3 机动车车道标志 /057
4.8.4 非机动车行驶标志 /057
4.8.5 非机动车车道标志 /058
4.8.6 快速公交系统专用车道标志 /058

4.9 指示停车位置的标志 /058

4.9.1 停车位标志 /058
4.9.2 限时长停车位标志 /059
4.9.3 限时段停车位标志 /059
4.9.4 残疾人专用停车位标志 /059
4.9.5 校车专用停车位标志 /060
4.9.6 出租车专用停车位标志 /060
4.9.7 非机动车专用停车位标志 /060
4.9.8 公交车专用停车位标志 /060
4.9.9 专属停车位标志 /061
4.9.10 新增的指示标志 /061

第5章
指路标志

5.1　一般道路指路标志　/062
5.1.1　路径指引标志　/062
5.1.2　地点指引标志　/065
5.1.3　道路沿线设施指引标志　/066
5.1.4　其他道路信息指引标志　/068
5.2　高速公路及城市快速路指路标志　/071
5.2.1　路径指引标志　/071
5.2.2　沿线信息指引标志　/076
5.2.3　沿线设施指引标志　/079

第6章
其他标志

6.1　旅游区标志　/084
6.1.1　旅游区距离标志　/084
6.1.2　旅游区方向标志　/084
6.1.3　旅游符号　/085
6.2　道路施工安全标志　/086
6.3　告示标志　/087
6.3.1　行车安全提醒标志　/087
6.3.2　校车停靠点标志　/089
6.4　辅助标志　/089
6.4.1　表示时间的辅助标志　/089
6.4.2　表示车辆种类及属性的辅助标志　/090
6.4.3　表示方向的辅助标志　/090
6.4.4　表示区域或距离的辅助标志　/090
6.4.5　表示警告、禁令理由的辅助标志　/091
6.4.6　组合辅助标志　/092

中篇　道路交通标线

第7章
交通标线概述

7.1　交通标线的概念　/094
7.2　不同线条的功用　/094
7.2.1　白色虚线　/094
7.2.2　白色实线　/095
7.2.3　黄色虚线　/095
7.2.4　黄色实线　/095
7.2.5　双白虚线　/095
7.2.6　双白实线　/096
7.2.7　双黄实线　/096
7.2.8　双黄虚线　/097

7.2.9 黄色虚实线 / 097

7.3 交通标线的种类 / 098

7.3.1 道路交通标线按功能分类 / 098

7.3.2 道路交通标线按设置方式分类 / 098

7.3.3 道路交通标线按形态分类 / 098

第8章 指示标线

8.1 可跨越对向车行道分界线 / 099

8.2 可跨越同向车行道分界线 / 100

8.3 潮汐车道线 / 100

8.4 车行道边缘线 / 101

8.5 左转弯待转区线 / 103

8.6 直行待行区线 / 104

8.7 出租车专用待客停车位标线 / 104

8.8 出租车专用上下客停车位标线 / 105

8.9 非机动车车道路面标记 / 105

8.10 白色半圆状车距确认线 / 106

8.11 白色折线车距确认线 / 106

8.12 残疾人专用停车位标线 / 107

8.13 港湾式停靠站标线 / 107

8.14 车种专用港湾式停靠站标线 / 108

8.15 出口标线 / 108

8.16 垂直式机动车限时停车位标线 / 109

8.17 固定停车方向停车位标线 / 109

8.18 倾斜式停车位标线 / 110

8.19 平行式机动车限时停车位标线 / 110

8.20 倾斜式机动车限时停车位标线 / 110

8.21 行人左右分道的人行横道线 / 111

8.22 路口导向线 / 111

8.23 人行横道预告标识线 / 113

8.24 入口标线 / 113

8.25 右弯或需向右合流 / 114

8.26 左弯或需向左合流 / 114

8.27 人行横道线 / 114

8.28 右转 / 115

8.29 左转 / 115

8.30 直行或左转 / 115

8.31 直行或右转 / 115

8.32 直行或掉头 / 116

8.33 直行 / 116

8.34 垂直式停车位标线 / 116

8.35 注意前方路面状况标线 / 117

8.36 路边式停靠站标线 / 117

8.37 平行式停车位标线 / 118

第9章
禁止标线

9.1 双黄实线禁止跨越对向车行道分界线 / 119

9.2 黄色虚实线禁止跨越对向车行道分界线 / 120

9.3 黄色单实线禁止跨越对向车行道分界线 / 120

9.4 三车行道道路直线段黄色虚实线 / 120

9.5 禁止长时停车线 / 121

9.6 禁止停车线 / 121

9.7 停止线 / 122

9.8 停车让行线 / 122

9.9 减速让行线 / 122

9.10 非机动车禁驶区标线 / 123

9.11 圆形中心圈 / 124

9.12 菱形中心圈 / 124

9.13 网状线 / 124

9.14 可简化网状线 / 125

9.15 大型车道线 / 125

9.16 多乘员车辆专用车道线 / 125

9.17 公交专用车道线 / 126

9.18 禁止跨越同向车行道分界线 / 126

9.19 小型车专用车道线 / 127

9.20 平面环形交叉口导流线 / 127

9.21 非机动车道线 / 128

9.22 禁止掉头标记 / 128

9.23 禁止转弯标记 / 128

第10章
警告标线

10.1 双车行道变为四车行道渐变段标线 / 129

10.2 三车行道变为双车行道渐变段标线 / 129

10.3 四车行道变为双车行道渐变段标线 / 130

10.4 四车行道变为三车行道渐变段标线 / 130

10.5 车行道纵向减速标线 / 130

10.6 三车行道道路填充线渐变段标线 / 131

10.7 铁道平交路口标线 / 131

10.8 收费广场减速标线 / 132

10.9 立面标记 / 132

10.10 车行道横向减速标线 / 133

10.11 收费岛地面标线 / 133

10.12 双向两车行道接近道路中心障碍物标线 / 133

10.13 接近车行道中障碍物标线 / 134

10.14 双向四车行道接近道路中心障碍物标线 / 134

下篇 交警手势和交通事故责任认定

第11章 交警手势

11.1 停止信号 / 136
11.2 直行信号 / 137
11.3 左转弯信号 / 138
11.4 左转弯待转信号 / 141
11.5 右转弯信号 / 143
11.6 变道信号 / 145
11.7 车辆慢行信号 / 147
11.8 示意车辆靠边停车信号 / 149

第12章 交通事故责任认定

12.1 追尾事故 / 153
12.2 倒车溜车 / 154
12.3 越线超车 / 154
12.4 开关车门未排查周围情况 / 154
12.5 掉头未让行 / 155
12.6 驶入专用车道 / 155
12.7 变更车道 / 156
12.8 遇到障碍的车辆未让行 / 157
12.9 会车时超车 / 157
12.10 交叉路口超车 / 158
12.11 进出或穿越道路的车辆未让行 / 158
12.12 进环岛车辆未让行 / 158
12.13 有信号灯路口未让先被放行的车 / 159
12.14 无信号灯路口未按提示标志让行 / 159
12.15 无信号灯路口未让右侧的车辆 / 160
12.16 无信号灯路口右转车辆未让左转车 / 160
12.17 有信号灯路口右转车未让直行的放行车辆 / 161
12.18 有信号灯路口左转车未让直行的放行车辆 / 161
12.19 右侧超车 / 162
12.20 超越左转弯与掉头车辆 / 162

上篇
道路交通标志

第1章
交通标志概述

1.1　交通标志的概念

　　交通标志是指用文字或符号传递引导、限制、警告或指示信息的道路设施，又称道路标志、道路交通标志。在交通系统中设置醒目、清晰、明亮的交通标志是实施交通管理，保证道路交通安全、顺畅的重要措施。

1.2　交通标志的种类

　　交通标志的主要作用有：提供道路信息，起到道路语言的作用；指挥控制交通，保障交通安全；指路导向，提高行车效率；为交通管理部门提供执法依据。

　　交通标志分为主标志和辅助标志两大类。

　　主标志用以传递道路交通信息，传达道路交通管理指令。辅助标志用于对主标志进行补充、限制、说明。

　　在同一个地点，主标志可以单独设置，也可以同时设置一个以上的主标志（图1-2-1）。

　　辅助标志（图1-2-2）不能单独设置，只能设置在主标志的下方，对主标志起到补充说明的作用。

图 1-2-1　多个主标志

图 1-2-2 辅助标志

1.2.1 交通标志安装位置

一般情况下交通标志应设置在道路行进方向右侧或车行道上方；也可以根据具体情况设置在左侧，或左右两侧同时设置。

为保证视认性，同一地点需要设置两个以上标志时，可安装在一个支撑结构（支撑）上，但最多不应超过四个；分开设置的标志，应满足禁令、指示和警告标志的设置空间。

原则上要避免不同种类的标志并设。解除限制速度标志、解除禁止超车标志、路口优先通行标志、会车先行标志、停车让行标志、减速让行标志应单独设置；如条件受限制，无法单独设置时，一个支撑结构（支撑）上最多不应超过两种标志。标志板在一个支撑结构（支撑）上并设时，应按禁令、指示、警告的顺序，先上后下，先左后右排列。

警告标志不宜多设，同一地点需要设置两个以上警告标志时，原则上只设置其中最需要的一个。

1.2.2 主标志

主标志又分为警告标志、禁令标志、指示标志、指路标志、旅游区标志和道路施工安全标志、告示标志七种。

（1）警告标志

起警告作用，警告车辆、行人注意危险地点的标志。

（a）警告标志的颜色

（b）警告标志的形状（等边三角形或矩形）

（c）白色底、红色图形的警告标志

图 1-2-3　警告标志

绝大多数警告标志的颜色为黄底、黑边、黑图案，形状为顶角朝上的等边三角形或者矩形如图1-2-3（a）、（b）所示。也有的警告标志为白色底、红色图形，如图1-2-3（c）所示。

（2）禁令标志

起到禁止某种行为的作用，禁止或限制车辆、行人交通行为的标志。

除个别标志外，颜色为白底，红圈，红杠，黑图案，图案压杠；形状为圆形、八角形、顶角朝下的等边三角形。

设置在需要禁止或限制车辆、行人交通行为的路段或交叉口附近（图1-2-4）。

（3）指示标志

起指示作用，指示车辆、行人行进的标志。

颜色为蓝底、白图案；形状分为圆形、长方形和正方形。

设置在需要指示车辆、行人行进的路段或交叉口附近（图1-2-5）。

（a）禁止行人进入（圆形）　　（b）禁止鸣喇叭（圆形）　　（c）停车让行（八角形）　　（d）减速让行（等边三角形）

图 1-2-4　禁令标志

（a）直行车道（正方形）　　（b）向右转弯（圆形）　　（c）分向行驶车道（长方形）

图 1-2-5　指示标志

（4）指路标志

起指路作用，传递道路方向、地点、距离信息的标志。

颜色除里程碑、百米桩外，一般为蓝底、白图案；高速公路指路标志一般为绿底、白图案。

形状除地点识别标志、里程碑、分合流标志外，一般为长方形和正方形。

设置在需要传递道路方向、地点、距离信息的路段或交叉口附近（图1-2-6）。

（a）丁字交叉路口标志　　（b）右侧出口预告标志
（一般道路指路标志）　　（高速公路指路标志）

图 1-2-6　指路标志

（5）旅游区标志

提供旅游景点方向、距离的标志。

颜色为棕色底、白色字符图案。

形状为长方形和正方形。

旅游区标志又可分为指引标志和旅游符号两大类，设置在需要指示旅游景点方向、距离的路段或交叉口附近（图1-2-7）。

图 1-2-7　旅游区距离标志

(6) 道路施工安全标志

通告道路施工区通行的标志,用以提醒车辆驾驶人和行人注意。用于通告高速公路及一般道路交通阻断、绕行等情况。设在道路施工、养护等路段前适当位置(图1-2-8)。

(a) 施工路拦

(b) 前方施工

图 1-2-8　道路施工安全标志

(7) 告示标志

告示标志的作用是解释、指引道路设施、路外设施或者告知有关道路法律、法规的内容(图1-2-9)。

(a) 急弯减速慢行标志

(b) 严禁酒后驾车标志

图 1-2-9　告示标志

1.2.3　辅助标志

辅助标志是附设在主标志下,起辅助说明作用标志,这种标志不能单独设立和使用。辅助标志按其用途又分为表示时间、表示车辆种类、表示区域距离、表示警告和禁令理由的辅助标志以及组合辅助标志等几种。其形状为长方形,其颜色为白底、黑字、黑边框(图1-2-10)。

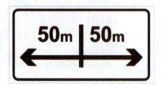
(a) 向左、向右各50m

(b) 学校

图 1-2-10　辅助标志

第2章
警告标志

2.1　警告路口的交通标志

2.1.1　十字交叉路口标志

（1）十字交叉路口标志介绍

十字交叉路口标志（2-1-1）用以警告车辆驾驶人谨慎慢行，注意横向来车相交。设在视线不良的平面交叉路口驶入路段的适当位置。在没有信号灯的情况下，驾驶员应驾驶车辆在挂有十字交叉路口标志的十字路口前停车，先左右观察一下，如果右方有车要经过路口的话，一定要让右车先行。

一般来说，十字交叉路口标志高挂在进入路口前10～20m的位置，用以警告各个驾驶员。

图 2-1-1　十字交叉路口标志

机动车经过十字交叉路口时，应该提前减速慢行，让行人优先通行。如果车辆在斑马线处不礼让行人，驾驶员会被罚款200元并扣3分。

（2）车辆通过没有红信号灯的十字交叉路口驾驶注意事项

❶ 车辆右转弯注意事项。车辆在交叉路口右转弯时（图2-1-2），应该注意左侧是否有来车，如果有来车先让直行车辆通行，在确保安全的前提下，沿着道路的右侧小转弯，这样可以减少与横向来车的干涉。

扫一扫
看动画视频

1.车辆右转弯注意事项
2.车辆左转弯注意事项

图 2-1-2　向右转弯

❷ 车辆左转弯注意事项。在有道路中心圆的交叉路口，车辆左转弯时（图 2-1-3），要靠近中心圆左侧行驶。

图 2-1-3　向左转弯（一）

在没有道路中心圆的交叉路口，车辆左转弯要沿着交叉路口稍微靠右的路线转大弯行驶（图2-1-4）。

注意：如果有来车，在确保安全的前提下先让直行车辆通行。

图 2-1-4　向左转弯（二）

❸ 直行车让行。在没有交通信号灯、交通标志、交通标线控制的交叉路口，不同方向行驶的汽车在交叉路口相遇时，要让右边的先行（图2-1-5）。

两车都直行时右方道路来车先行，即左侧车让右侧车先行。

图 2-1-5　直行车让行

三个方向同时有直行车辆，A车先行通过，B车可顺势通过，C车最后通过（图2-1-6）。

直行车辆让行

图 2-1-6　三个方向直行车辆通行顺序

十字路口的各个方向都有来车，对于这种情况，各个方向的车辆都应该减速慢行，在确保安全的前提下继续通行（图2-1-7）。

图 2-1-7　十字路口直行车辆通行

2.1.2 错位交叉路口标志

错位交叉路口标志用以警告道路前方有横向错开的没有信号灯的交叉路口。

车辆通过错位交叉路口时,驾驶人要把注意力分配到路口两处的交叉部位,提防横向突然出现车辆及行人(图2-1-8)。

图 2-1-8　错位交叉路口标志

2.1.3 T形交叉路口标志

(1)T形交叉路口标志介绍

T形交叉路口标志(图2-1-9)用以警示车辆驾驶人谨慎慢行,注意横向来车相交。

图 2-1-9　T形交叉路口标志

机动车经过T形交叉路口时,应该提前减速慢行,让行人优先通行。T形交叉路口行驶方向如图2-1-10所示。

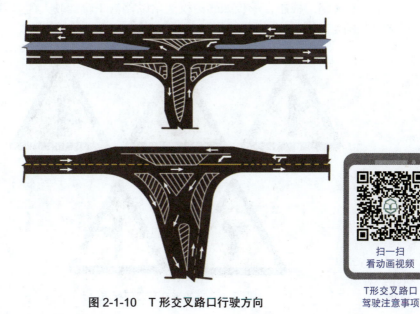

图 2-1-10　T形交叉路口行驶方向

扫一扫
看动画视频

T形交叉路口
驾驶注意事项

（2）T形交叉路口驾驶注意事项

在T形路口通行时，左转车辆让行右侧直行车辆，通行时注意避让行人（图2-1-11）。

图 2-1-11　T形交叉路口驾驶注意事项

2.1.4　Y形交叉路口标志

Y形交叉路口标志，形状如同树杈。用以警告车辆驾驶人谨慎慢行，注意横向来车相交（图2-1-12和图2-1-13）。

图 2-1-12　Y形交叉路口标志

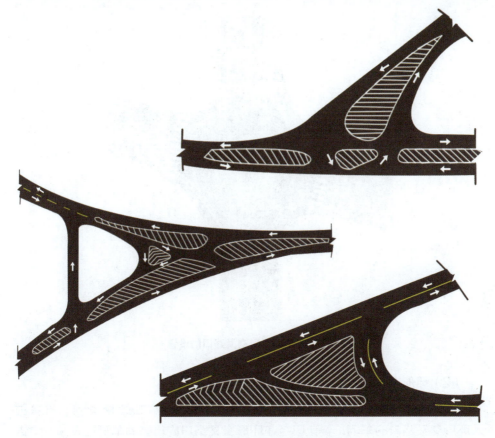

图 2-1-13 Y形交叉路口的行驶方向

2.1.5 环形交叉路口标志

（1）环形交叉路口标志介绍

任何通过环形交叉路口的车辆都需要经过或长或短的圆周运动才能驶出交叉路口。

人工设置的弯道需要驾驶员在接近交叉路口处降低车速，以便安全通过。

环形交叉路口是不会设置红绿灯的，在环形交叉路口行驶的车辆，必须要注意右侧来车，特别是车辆准备出环岛的时候，如果右后方车辆车速过快，则非常容易出现交通事故，在环岛行驶，要注意车辆车速，果断判断车辆的行驶方向（图2-1-14和图2-1-15）。

图 2-1-14 环形交叉路口标志

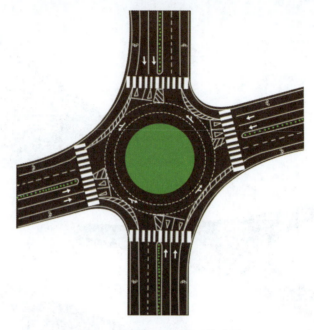

图 2-1-15　环形交叉路口的设置

(2) 环形交叉路口驾驶注意事项

车辆行经环形交叉路口时,要注意遵守环形交叉路口的通行规则。准备进入环形交叉路口的车辆,要让已经在环形交叉路口内行驶的车辆优先通行。进入环形交叉路口时不应该开转向灯。驶离环形交叉路口时,应当开启右转向灯。环形交叉路口内的车辆只能围绕环岛逆时针行驶,不可为了抄近道而顺时针行驶(图2-1-16)。

图 2-1-16　环形交叉路口驾驶注意事项

2.2 警告道路线形变化的标志

2.2.1 急转弯标志

急转弯标志（图2-2-1）用于警告车辆驾驶人减速慢行，前面有向右急转弯或向左急转弯。

（a）向右急转弯　　　　　　（b）向左急转弯

图 2-2-1　急转弯标志

在视线盲区的急转弯路段需要设置急转弯标志（图2-2-2）。

图 2-2-2　向左急转弯

2.2.2 反向弯路标志

反向弯路标志包括向右反向弯路标志和向左反向弯路标志（图2-2-3），表示前方道路出现连续两次反向急转弯。

（a）向右反向弯路　　　　　　（b）向左反向弯路

图 2-2-3　反向弯路标志

2.2.3 连续弯路标志

连续弯路标志用以警告车辆驾驶人减速慢行（图2-2-4）。连续弯路标志一般设置在有连续三个以上弯道的道路上的合适位置。

图 2-2-4　连续弯路标志

2.2.4 陡坡标志

（1）陡坡标志介绍

陡坡标志包括上陡坡标志、下陡坡标志、连续下坡标志（图2-2-5），表示前方道路将要出现陡坡。

（a）下陡坡标志　　　　（b）上陡坡标志　　　　（c）连续下坡标志

图 2-2-5　陡坡标志

上陡坡标志设在纵坡度为7%和市区纵坡度大于4%的陡坡道路前适当位置。

下陡坡标志设在纵坡度为7%和市区纵坡度大于4%的陡坡道路前适当位置。

（2）陡坡驾驶注意事项

在狭窄的坡路，上坡的一方先行；但下坡的一方已行至中途而上坡的一方未上坡时，下坡的一方先行（图2-2-6）。

（a）黄色车先行

（b）蓝色车先行

图 2-2-6　陡坡通行

2.2.5　道路宽度变化标志

（1）道路宽度变化标志介绍

道路宽度变化标志（图 2-2-7）出现在车行道变窄，或车道数减少的路段之前。

（a）两侧变窄

（b）左侧变窄

（c）右侧变窄

（d）窄桥

图 2-2-7　道路宽度变化标志

（2）宽度变化道路驾驶注意事项

当前方道路变窄时，车辆应减速慢行，注意车速和车距（图2-2-8）。

扫一扫
看动画视频

道路宽度变化驾驶
注意事项

图 2-2-8　道路变窄

2.3　警告道路动态变化的标志

2.3.1　双向交通标志

一般用于因某种原因出现临时性，或永久的不分离双向行驶的路段，或由单向行驶进入双向行驶的路段（图2-3-1）。

图 2-3-1　双向交通标志

2.3.2 注意行人标志

该标志用以提醒车辆驾驶人减速慢行,注意行人。标志出现在行人密集,或不易被驾驶员发现的人行横道线以前(图2-3-2)。

机动车经过路口时,应该提前减速慢行,让行人优先通行。

图 2-3-2 注意行人标志

2.3.3 注意儿童标志

此标志设在小学、幼儿园、少年宫、儿童游乐场等儿童频繁出入的场所或通道处,用以警告车辆驾驶人减速慢行,注意儿童(图2-3-3)。

机动车经过路口时,应该提前减速慢行,让儿童优先通行。

图 2-3-3 注意儿童标志

2.3.4　注意牲畜标志

注意牲畜标志设置在缺少有效隔离设施的公路上，用于提示车辆驾驶人注意避让公路上有可能出现的牲畜（图2-3-4）。

图 2-3-4　注意牲畜标志

2.3.5　注意野生动物标志

注意野生动物标志设置在穿过野生动物保护区的道路上，用于提示车辆驾驶人提防道路上随时有可能出现野生动物（图2-3-5）。

2.3.6　注意信号灯标志

此标志设在不易发现前方信号灯控制的路口前适当位置，或由高速公路驶入一般道路的第一个信号灯控制路口以前适当位置，用以警告车辆驾驶人注意前方路段设有信号灯（图2-3-6）。

图 2-3-5　注意野生动物标志　　　　图 2-3-6　注意信号灯标志

2.3.7　注意落石标志

在雨季，有些山区很容易出现石从天降的情况。注意落石标志用于提醒车辆驾驶人注意落石，出现在有落石危险的傍山路段以前，包括自然风化滚落石头的路段或者由于开山炸石造成塌方、落石的路段（图2-3-7）。

（a）左侧落石　　　（b）右侧落石　　　（c）容易滑坡的路段

图 2-3-7　注意落石标志

2.3.8　注意横风标志

如果周围地形空旷又是在冬季，驾驶员很难直观察觉风的存在。侧向大风往往会让车辆有漂浮感。该标志和鲤鱼旗等，就是提醒车辆驾驶人小心驾驶，了解风向和风力。该标志出现在经常有很强的侧向风的路段以前（图2-3-8）。

图 2-3-8　注意横风标志

2.3.9　易滑标志

易滑的路面，车轮轨迹就如同醉汉走路般歪歪扭扭。这个标志用以提醒车辆驾驶人注意慢行，该标志出现在路滑容易发生事故的路段之前（图2-3-9）。

图 2-3-9　易滑标志

2.4 警告地貌变化的标志

2.4.1 傍山险路标志

这种道路一般为盘山公路，该标志用于提醒车辆驾驶人小心驾驶，出现在傍山险路路段之前（图2-4-1）。

（a）右侧险要

（b）左侧险要

（c）右侧险要标志在道路上

图 2-4-1　傍山险路标志

2.4.2 堤坝路标志

堤坝路路面相对比较湿润，车辆容易打滑。该标志出现在沿水库、湖泊、河流等堤坝道路以前（图2-4-2），用于提醒车辆驾驶人小心驾驶。

（a）左侧险要　　　　　　（b）右侧险要

（c）右侧险要标志在道路上

图 2-4-2　堤坝路标志

2.4.3 村庄标志

村庄是人口稠密的地方，横穿公路的人也不会少。该标志出现在紧靠村庄、集镇且视线不良的路段之前，用于提醒车辆驾驶人小心驾驶（图2-4-3）。

（a）村庄标志　　　　　　（b）村庄标志在道路上

图 2-4-3　村庄标志

2.4.4 隧道标志

驾驶员驾车进出隧道，视觉会有一个明暗适应的过程。该标志出现在双向行驶、照明不好的隧道口之前，用于促使车辆驾驶人注意慢行（图2-4-4）。

（a）隧道标志　　　　　　　　　　（b）隧道标志在道路上

图 2-4-4　隧道标志

2.4.5 渡口标志

渡口标志用于警示人们通行时要注意，为人们的安全起到极大的作用。

渡口标志是设在渡口的安全警示牌，提醒大家注意有河流，注意安全，该标志设在道路越过河流以船渡方式衔接两岸交通的地点，包括码头、引道及管理设施，也可设在有船摆渡的、过河的地方（图2-4-5）。

图 2-4-5　渡口标志

2.4.6 驼峰桥标志

设置驼峰桥标志，目的在于提示驾驶员前方是拱度较大、不易发现对向来车的拱桥，应靠道路右侧行驶。该标志出现在拱度很大、影响视距的驼峰桥之前（图2-4-6）。

2.4.7 路面凸凹标志

表示前方道路凸凹不平，车辆应该提前减速，以防止车辆颠簸失控（图2-4-7）。

图 2-4-6　驼峰桥标志

（a）路面低洼

（b）路面不平

（c）路面高突

（d）高突的路面

（e）不平路面

图 2-4-7　路面凸凹标志

2.4.8 过水路面标志

暴雨或山洪时,过水路面潜于水面之下,驾驶员只能通过道路线形诱导设施确定边界。该标志设在过水路面或漫水桥路段以前,用于促使车辆驾驶人谨慎慢行(图2-4-8和图2-4-9)。

图 2-4-8 过水路面标志

图 2-4-9 过水路面标志的设置

2.5 警告安全事项标志

2.5.1 有人看守铁道路口标志

守铁道路口的值班人员,会在列车到来之前用栅栏封闭道口。该标志设在车辆驾驶人不易发现的路口以前,用于警告车辆驾驶人注意慢行或及时停车(图2-5-1)。

如果是多股铁路与道路交叉,在铁道路口标志上方设置叉形符号(图2-5-2)。

图 2-5-1 有人看守铁道路口标志

图 2-5-2 叉形符号

2.5.2 无人看守铁道路口标志

在无人看守的铁道路口,凡路面上没有标划"近铁道平交路口标线"时,应在"无人看守铁道路口"标志下设斜杠符号（图2-5-3），表示距铁路道口的距离。

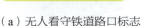

（a）无人看守铁道路口标志　　（b）相距50m　　（c）相距100m　　（d）相距150m

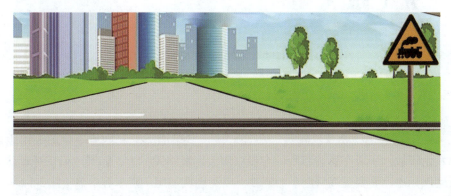

（e）无人看守铁道路口标志的设置

图 2-5-3　无人看守铁道路口标志

斜杠越多，表示距离越远：一道斜杠标志表示距铁道路口50m；两道斜杠标志表示距铁道路口100m；三道斜杠标志表示距铁道路口150m。

2.5.3　注意非机动车标志

该标志用于促使车辆驾驶人注意慢行，出现在经常有非机动车横穿、出入的地点前（图2-5-4）。

图 2-5-4　注意非机动车标志

2.5.4 注意残疾人标志

此标志设在有残疾人专用通道的前方道路处（图2-5-5），用于提示车辆驾驶人注意慢行。

图 2-5-5 注意残疾人标志

2.5.5 事故易发路段标志

由于在早晚高峰车流量大、车速较快、多车道交汇、地势不平坦等路段经常发生事故，所以在这些路段前方设立事故易发路段标志，如果司机在开车途中看到该标志，需要提高警惕小心驾驶，以免出现追尾、翻车等事故（图2-5-6）。

图 2-5-6 事故易发路段标志

2.5.6 慢行标志

该标志用于提醒车辆驾驶人减速慢行，设在前方需要减速慢行的路段之前（图2-5-7）。

图 2-5-7　慢行标志

2.5.7　注意障碍物标志

该标志用于告示前方道路有障碍物，车辆应按标志指示减速慢行。该标志设在道路障碍物之前（图2-5-8）。

（a）左右绕行　　　　　（b）左侧绕行　　　　　（c）右侧绕行

图 2-5-8　注意障碍物标志

2.5.8　注意危险标志

该标志用于提醒车辆驾驶人谨慎驾驶，设在本节前述标志不能包括的其他危险路段以前（图2-5-9）。其实，这个标志也出现在汽车后备厢中，在车辆发生故障时支放路边，提示其他车辆注意避让。

图 2-5-9　注意危险标志

2.5.9　施工标志

施工标志设置在靠近道路施工路段的适当位置，用于提示车辆驾驶人要减速慢行或者绕道行驶（图2-5-10）。

图 2-5-10　施工标志

2.5.10　建议车速标志

建议车速标志用于向车辆驾驶人提供安全车速的建议，设置在靠近弯道、出口、匝道的适当位置（图2-5-11）。

图 2-5-11　建议车速标志

2.5.11　隧道开车灯标志

隧道开车灯标志设置在隧道内无照明或照明不足的入口处，用于提示车辆驾驶人进入隧道时开启前照明灯（图2-5-12）。

图 2-5-12　隧道开车灯标志

2.5.12　注意潮汐车道标志

注意潮汐车道标志设置在靠近潮汐车道起点的适当位置，用于提示车辆驾驶人前方将进入潮汐车道行驶（图2-5-13）。

图 2-5-13　注意潮汐车道标志

2.5.13　注意保持车距标志

注意保持车距标志设置在靠近经常发生车辆追尾事故的地点，用于提示车辆驾驶人注意保持跟车距离（图2-5-14）。

图 2-5-14　注意保持车距标志

2.5.14　注意分离式道路标志

注意分离式道路标志包括十字平面交叉和丁字平面交叉两类（图2-5-15）。

（a）十字平面交叉　（b）丁字平面交叉

图 2-5-15　注意分离式道路标志

2.5.15 注意合流标志

注意合流标志设置在靠近两条道路的交汇部位，用于提示前方有合流车辆，要防止车辆剐蹭或挤撞事故（图2-5-16）。

（a）左侧合流　　（b）右侧合流

图 2-5-16　注意合流标志

2.5.16 避险车道标志

避险车道是在长陡下坡路段行车道外侧增设的可以让失控车辆减速的专用车道。避险车道长50～100m，在避险车道上铺着一层可以增大轮胎与地面摩擦力的碎石，在避险车道的尽头还有可减振的轮胎，可以让车辆在失控的情况下及时停车。一条完整的避险车道主要由引道、制动车道、服务车道及辅助设施组成，有了避险车道可以在车辆失控的情况下有一个比较好的安全保障，能够在相对安全的前提下把车停下来。失控的车辆驶入避险车道可以从主线中分流，避免失控车辆对其他车辆的干扰，还可以让失控车辆平稳停车。避险车道标志如图2-5-17所示。

图 2-5-17　避险车道标志

2.5.17 注意不良气候标志

注意不良气候标志用于提示车辆驾驶人注意不良气候对安全行车的影响（图2-5-18）。

（a）注意雨（雪）天　　（b）注意雾天　　（c）注意路面结冰　　（d）注意不利气象条件

图 2-5-18　注意不良气候标志

2.5.18 注意前方车辆排队标志

注意前方车辆排队标志用于提示车辆驾驶人按照顺序排队通过，不可超车（图2-5-19）。

图 2-5-19 注意前方车辆排队标志

2.5.19 新增的警告标志

图 2-5-20 注意电动自行车标志

图 2-5-21 注意车道数变少标志

图 2-5-22 线形诱导标志

图 2-5-23 交通事故管理标志

图 2-5-24 注意积水标志

第3章
禁令标志

3.1 提示让行的标志

3.1.1 停车让行标志

表示驾驶员必须在停止线以外停车瞭望，确认安全后，才准许通行。停车让行标志（图3-1-1）在下列情况下设置：与交通流量较大的干路平交的支路路口；无人看守的铁路道口；其他需要设置的地方。

图 3-1-1　停车让行标志

3.1.2 减速让行标志

表示车辆应减速让行,告知车辆驾驶人必须慢行或停车,观察干道行车情况,在确保干道车辆优先的前提下,认为安全时方可续行。该标志设于视线良好的交叉道路和次要道路路口(图3-1-2)。

图 3-1-2 减速让行标志

3.1.3 会车让行标志

会车让行标志表示对面对该标志的车辆应当让对向来车优先通行(图3-1-3)。

图 3-1-3 会车让行标志

3.2 限制通行的标志

3.2.1 禁止通行标志

禁止通行标志表示前方道路禁止一切车辆(机动车和非机动车)和行人通行(图3-2-1)。

图 3-2-1 禁止通行标志

3.2.2 禁止驶入标志

禁止驶入标志表示前方道路禁止各种机动车和非机动车通行，该标志通常设置在步行街、游乐园、集贸市场的入口处等地点（图3-2-2）。

图 3-2-2 禁止驶入标志

3.2.3 禁止机动车驶入标志

禁止机动车驶入标志表示禁止各类机动车驶入。此标志设置在禁止机动车通行路段的入口处（图3-2-3）。

图 3-2-3 禁止机动车驶入标志

3.2.4 禁止某种机动车驶入标志

表示前方道路禁止标志所示的某种机动车通行（图3-2-4）。禁止小型客车驶入是指禁止十一座以下面包车、七座以下商务车及小轿车通行。

（a）禁止载货汽车驶入　　（b）禁止大型客车驶入　　（c）禁止两轮摩托车驶入　　（d）禁止挂车、半挂车驶入

（e）禁止拖拉机驶入　　（f）禁止三轮机动车驶入　　（g）禁止电动车驶入　　（h）禁止小型客车驶入

图 3-2-4　禁止某种机动车驶入标志

3.2.5　禁止某两种机动车驶入标志

禁止某两种机动车驶入标志表示前方道路禁止标志所示的两种车辆驶入，通常设置在市区道路的入口处（图3-2-5）。

图 3-2-5　禁止载货汽车、拖拉机驶入

3.2.6　禁止非机动车进入标志

禁止非机动车进入标志表示前方道路禁止各种非机动车通行（图3-2-6）。

图 3-2-6　禁止非机动车进入标志

3.2.7 禁止某种非机动车进入标志

表示前方道路禁止标志所示的非机动车进入（图3-2-7）。

（a）禁止畜力车进入　　（b）禁止人力货运三轮车进入　　（c）禁止人力客运三轮车进入　　（d）禁止人力车进入

图 3-2-7　禁止某种非机动车进入标志

3.2.8 禁止行人进入标志

禁止行人进入标志表示前方道路禁止行人进入（图3-2-8）。

图 3-2-8　禁止行人进入标志

3.3 限制行驶方向的标志

3.3.1 禁止向左转弯标志

禁止向左转弯标志表示前方路口禁止车辆向左转弯（图3-3-1和图3-3-2）。

图 3-3-1　禁止向左转弯标志

图 3-3-2　禁止向左转弯标志的设置

3.3.2　禁止向右转弯标志

禁止向右转弯标志表示前方路口禁止车辆向右转弯（图 3-3-3 和图 3-3-4）。

禁止向右转弯标志

图 3-3-3　禁止向右转弯标志

图 3-3-4　禁止向右转弯标志的设置

3.3.3　禁止直行标志

禁止直行标志表示前方路口禁止车辆直行（图 3-3-5 和图 3-3-6）。

图 3-3-5　禁止直行标志　　　　图 3-3-6　禁止直行标志的设置

3.3.4　禁止向左和向右转弯标志

禁止向左和向右转弯标志表示前方路口禁止车辆向左及向右转弯（图3-3-7）。

3.3.5　禁止直行和向左转弯标志

禁止直行和向左转弯标志表示前方路口禁止一切车辆直行及向左转弯（图3-3-8）。

3.3.6　禁止直行和向右转弯标志

禁止直行和向右转弯标志表示前方路口禁止一切车辆直行及向右转弯（图3-3-9）。

图 3-3-7　禁止向左和　　图 3-3-8　禁止直行和　　图 3-3-9　禁止直行和
　　　向右转弯标志　　　　　　向左转弯标志　　　　　　向右转弯标志

3.3.7 禁止掉头标志

禁止掉头标志表示禁止机动车掉头（图3-3-10和图3-3-11）。

禁止掉头标志

图 3-3-10　禁止掉头标志

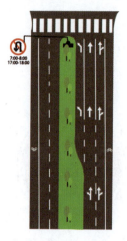

图 3-3-11　禁止掉头标志的设置

3.3.8 禁止超车标志

禁止超车标志表示该标志至前方解除禁止超车标志的路段内，不允许机动车超车（图3-3-12和图3-3-13）。

图 3-3-12　禁止超车标志

图 3-3-13　禁止超车标志的设置

3.3.9 解除禁止超车标志

解除禁止超车标志表示禁止超车路段结束（图3-3-14和图3-3-15）。

图 3-3-14　解除禁止超车标志

图 3-3-15　解除禁止超车标志的设置

3.4 限制停车的标志

3.4.1 禁止停车标志

禁止停车标志表示在限定的范围内，禁止一切车辆停或放（图3-4-1和图3-4-2）。

停留是指发动机不熄火、驾驶人不离开车辆的短时间停车；停放是指驾驶人需要离开车辆的停车。

图 3-4-1 禁止停车标志

图 3-4-2 禁止停车标志的设置

3.4.2 禁止长时间停车标志

禁止长时间停车标志表示前方路段或场地禁止车辆长时间停车（图3-4-3和图3-4-4），临时停车不受限制。临时停车是指车辆停车上下乘客或者装卸货物等，且驾驶人在车内或车旁守候。

图 3-4-3 禁止长时间停车标志

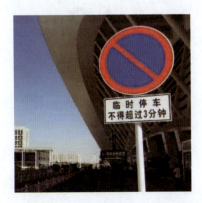

图 3-4-4 禁止长时间停车标志的设置

3.5 禁鸣及限速标志

3.5.1 禁止鸣喇叭标志

禁止鸣喇叭标志表示前方道路禁止车辆鸣喇叭（图3-5-1和图3-5-2）。

图 3-5-1　禁止鸣喇叭标志

图 3-5-2　禁止鸣喇叭标志的设置

3.5.2 限制速度标志

限制速度标志表示该标志至前方限制速度标志的路段内，机动车行驶速度不得超过标志所示数值。此标志设在需要限制车辆速度的路段的起点（图3-5-3和图3-5-4）。

图 3-5-3　限制速度标志

图 3-5-4　限制速度标志的设置

3.5.3 解除限制速度标志

解除限制速度标志表示前方路段解除标志所示的限速数值（图3-5-5和图3-5-6）。

图 3-5-5　解除限制速度标志　　　　　图 3-5-6　解除限制速度标志的设置

3.6 | 限宽及限高的标志

3.6.1　限制宽度标志

表示禁止装载宽度超过标志所示数值的车辆通行。此标志设置在最大允许宽度受限制的地方（图3-6-1和图3-6-2）。

图 3-6-1　限制宽度标志　　　　　图 3-6-2　限制宽度标志的设置

3.6.2　限制高度标志

表示禁止装载高度超过标志所示数值的车辆通行。此标志设在最大允许高度受限制的地方（图3-6-3和图3-6-4）。

图 3-6-3　限制高度标志

图 3-6-4　限制高度标志的设置

3.7　限制质量及轴重标志

3.7.1　限制质量标志

限制质量标志表示禁止总质量超过标志所示数值的车辆通行（图3-7-1和图3-7-2）。

图 3-7-1　限制质量标志
（装载总质量不得超过 10t）

图 3-7-2　限制质量标志的设置

3.7.2　限制轴重标志

限制轴重表示禁止轴重超过标志所示数值的车辆通行。设置在需要限制车辆轴重的较短的桥梁两端。如果桥梁比较短，车身不能全部在桥梁上，或者是前轮或者是后轮，那么此时就要限制车前后轮的轴重了（图3-7-3和图3-7-4）。

图 3-7-3　限制轴重标志

图 3-7-4　限制轴重标志的设置

3.8　停车检查及海关标志

3.8.1　停车检查标志

停车检查标志表示机动车应停车接受检查（图3-8-1和图3-8-2）。

图 3-8-1　停车检查标志

图 3-8-2　停车检查标志的设置

3.8.2　海关标志

海关标志表示道路前方是海关，所有机动车应停车接受检查，合格后方可通过（图3-8-3）。

图 3-8-3　海关标志

3.9 禁止运输危险物品车辆驶入标志

表示禁止运输危险物品车辆驶入，设置在禁止运输危险物品车辆驶入路段的入口处（图3-9-1）。

图 3-9-1 禁止运输危险物品车辆驶入标志

3.10 区域禁止及解除标志

3.10.1 区域禁止标志

区域禁止停车标志表示区域禁止停车（图3-10-1）。

（a）区域限制速度标志　　（b）区域禁止长时停车标志　　（c）区域禁止停车标志

图 3-10-1 区域禁止标志

3.10.2 区域禁止解除标志

区域禁止停车解除标志表示区域禁止停车解除（图3-10-2）。

（a）区域禁止长时停车解除标志　　（b）区域禁止停车解除标志　　（c）区域限制速度解除标志

图 3-10-2 区域禁止解除标志

第4章
指示标志

4.1 指示车辆行驶方向的标志

4.1.1 直行标志

直行标志表示一切车辆只准直行（图4-1-1）。直行标志一般位于地面或者红绿灯上。

4.1.2 向左转弯标志

表示只准一切车辆向左转弯。此标志设在车辆必须向左转弯的路口以前适当位置（图4-1-2和图4-1-3）。

图 4-1-1　直行标志

图 4-1-2　向左转弯标志

图 4-1-3　向左转弯标志的设置

4.1.3　向右转弯标志

表示只准一切车辆向右转弯。此标志设在车辆必须向右转弯的路口以前适当位置（图4-1-4）。

图 4-1-4　向右转弯标志

4.1.4　直行和向左转弯标志

表示只准一切车辆直行和向左转弯。此标志设在车辆必须直行和向左转弯的路口以前适当位置（图4-1-5）。

图 4-1-5　直行和向左转弯标志

4.1.5　直行和向右转弯标志

表示只准一切车辆直行和向右转弯（图4-1-6）。此标志设在车辆必须直行和向右转弯的路口以前适当位置。

图 4-1-6　直行和向右转弯标志

4.1.6　向左和向右转弯标志

表示只准一切车辆向左和向右转弯（图4-1-7）。此标志设在车辆必须向左和向右转弯的路口以前适当位置。

图 4-1-7　向左和向右转弯标志

4.1.7　靠右侧道路行驶标志

表示只准一切车辆靠右侧道路行驶（图4-1-8）。此标志设在车辆必须靠右侧行驶的路口以前适当位置。

图 4-1-8　靠右侧道路行驶标志

4.1.8　靠左侧道路行驶标志

表示只准一切车辆靠左侧道路行驶（图4-1-9）。此标志设在车辆必须靠左侧行驶的路口以前适当位置。

图 4-1-9　靠左侧道路行驶标志

4.2 指示立交路口及环岛路口的标志

4.2.1 立交直行和左转弯行驶标志

表示车辆在立交处可以直行和按图示路线左转弯行驶（图4-2-1）。此标志设在立交左转弯出口处适当位置。

图 4-2-1 立交直行和左转弯行驶

4.2.2 立交直行和右转弯行驶标志

表示车辆在立交处可以直行和按图示路线右转弯行驶（图4-2-2）。此标志设在立交右转弯出口处适当位置。

图 4-2-2 立交直行和右转弯行驶

4.2.3 环岛行驶标志

表示只准车辆靠右环行（图4-2-3）。此标志设在环岛面向路口来车方向适当位置。

扫一扫
看动画视频

环岛行驶标志

图 4-2-3 环岛行驶标志

4.3 指示单行路及允许掉头的标志

4.3.1 单行路(直行)标志

单行路(直行)标志表示该道路为单向行驶,已进入的车辆应依标志指示方向行车(图4-3-1)。

(a)直行进入单行路

(b)右转进入单行路

(c)左转进入单行路

(d)单行路(直行)标志的设置

图4-3-1 单行路(直行)标志

4.3.2 允许掉头标志

允许掉头标志表示该处允许机动车掉头(图4-3-2)。

图 4-3-2　允许掉头标志

4.4　指示步行及人行横道的标志

4.4.1　步行标志

表示该街道只供步行（图4-4-1）。此标志设在步行街的两端。

图 4-4-1　步行标志

4.4.2　人行横道标志

表示该处为专供行人横穿马路的通道（图4-4-2）。此标志设在人行横道的两侧。

图 4-4-2　人行横道标志

4.5　指示鸣喇叭及限速的标志

4.5.1　鸣喇叭标志

表示机动车行至该标志处必须鸣喇叭（图4-5-1）。此标志设在公路的急转弯处、陡坡等视线不良路段的起点。

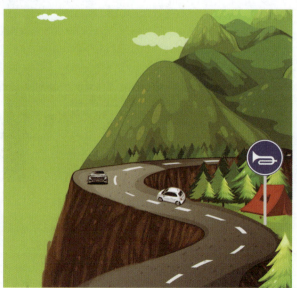

图 4-5-1　鸣喇叭标志

4.5.2　最低限速标志

表示机动车驶入前方道路的最低时速限制（图4-5-2）。此标志设在高速公路或其他道路限速路段的起点。

扫一扫
看动画视频

最低限速标志

图 4-5-2　最低限速标志

4.6 │ 指示路口先行及会车先行的标志

4.6.1　路口优先通行标志

路口优先通行标志表示交叉口主要道路上车辆享有优先通行权利（图4-6-1）。

图 4-6-1　路口优先通行标志

4.6.2 会车先行标志

面对该标志，左边红色箭头的是会车让行，右边白色箭头的是会车先行（图4-6-2）。

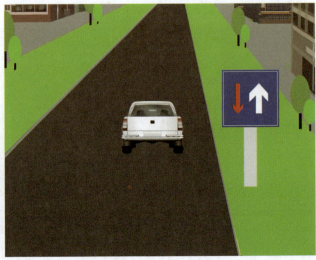

图 4-6-2　会车先行标志

4.7 指示车道行驶方向的标志

4.7.1 右转弯车道标志

表示只准一切车辆向右转弯（图4-7-1）。此标志设在车辆必须向右转弯的路口以前适当位置。

图 4-7-1　右转弯车道标志

4.7.2 左转弯车道标志

表示只准一切车辆向左转弯（图4-7-2）。此标志设在车辆必须向左转弯的路口以前适当位置。

图 4-7-2　左转弯车道标志

4.7.3 直行车道标志

表示车道的行驶方向（图4-7-3）。此标志设在导向车道以前适当位置。

4.7.4 直行和右转合用车道标志

表示车道的行驶方向（图4-7-4）。此标志设在导向车道以前适当位置。

图 4-7-3　直行车道标志

图 4-7-4　直行和右转合用车道标志

4.7.5 直行和左转合用车道标志

表示车道的行驶方向（图4-7-5）。此标志设在导向车道以前适当位置。

4.7.6 掉头车道标志

表示车道的行驶方向，需要在前方路口掉头的车辆，应该选择与该标志对应的车道行驶（图4-7-6）。

图 4-7-5　直行和左转合用车道标志

4.7.7 掉头和左转合用车道标志

表示前方道路与该标志对应的车道为掉头和左转车道（图4-7-7）。此标志设在导向车道以前适当位置。

图 4-7-6　掉头车道标志

图 4-7-7　掉头和左转合用车道标志

4.7.8 分向行驶车道标志

表示前方道路车道的分布情况,用以提示车辆驾驶人根据需要选择相应的车道行驶(图4-7-8)。

分向行驶车道标志

图 4-7-8　分向行驶车道标志

4.8　指示专用车道的标志

4.8.1　公交线路专用车道标志

表示前方车道专供公交车辆行驶,不准其他车辆及行人进入(图4-8-1)。

图 4-8-1　公交线路专用车道标志

4.8.2 机动车行驶标志

表示前方道路只供机动车行驶（图4-8-2）。此标志设在该道路的起点及各交叉路口和入口处前适当位置。

4.8.3 机动车车道标志

表示该车道只供机动车行驶（图4-8-3）。此标志设在该车道的起点及交叉路口和入口前适当位置，在标志无法正对车道时，可以不标注箭头。

图 4-8-2 机动车行驶标志

图 4-8-3 机动车车道标志

4.8.4 非机动车行驶标志

表示非机动车行驶（图4-8-4）。此标志设在道路或车道的起点及交叉路口入口处前适当位置。

图 4-8-4 非机动车行驶标志

4.8.5 非机动车车道标志

非机动车道,是指公路、城市道路上的车行道上自右侧人行道牙(线)至第一条车辆分道线(或隔离带、墩)之间或者在人行道上划出的车道,除特殊情况外,专供非机动车行驶(图4-8-5)。

图 4-8-5 非机动车车道标志

4.8.6 快速公交系统专用车道标志

表示前方车道专供快速公交(BRT)车辆行驶(图4-8-6)。此标志设在快速公交车道的起点以及各交叉路口车道入口处的适当位置。

图 4-8-6 快速公交系统专用车道标志

4.9 指示停车位置的标志

4.9.1 停车位标志

停车位标志表示允许机动车停放的位置(图4-9-1)。

(a)越过标志停车

(b)标志右侧停车

(c)标志左侧停车

（d）占用人行道边缘停车

（e）左侧停车标志

图 4-9-1　停车位标志

4.9.2　限时长停车位标志

限时长停车位标志表示机动车在该地点停放不得超过规定的时间（图4-9-2）。

4.9.3　限时段停车位标志

限时段停车位标志表示该地点允许机动车在标志规定的时间段内停放，其他时间不准在该地点停车（图4-9-3）。

图 4-9-2　限时长停车位标志

图 4-9-3　限时段停车位标志

4.9.4　残疾人专用停车位标志

残疾人专用停车位标志表示该地点仅供残疾人驾驶的车辆停放，其他车辆不得占用（图4-9-4）。

图 4-9-4　残疾人专用停车位标志

4.9.5　校车专用停车位标志

校车专用停车位标志表示该地点仅供校车停放，或者仅供校车停靠站使用，其他车辆不得占用（图4-9-5）。

图 4-9-5　校车专用停车位标志

4.9.6　出租车专用停车位标志

出租车专用停车位标志表示该地点仅供出租车停放，其他车辆不得占用（图4-9-6）。

图 4-9-6　出租车专用停车位标志

4.9.7　非机动车专用停车位标志

非机动车专用停车位标志表示该地点仅供非机动车停放，其他车辆不得占用（图4-9-7）。

4.9.8　公交车专用停车位标志

公交车专用停车位标志表示该地点仅供公交车停放，其他车辆不得占用（图4-9-8）。

图 4-9-7　非机动车专用停车位标志

图 4-9-8　公交车专用停车位标志

4.9.9 专属停车位标志

专属停车位标志表示该地点是专门为特定的单位或者个人施划的停车位，仅供特定的单位或者个人停放机动车，其他单位或者个人的机动车不得占用（图4-9-9）。

图 4-9-9　专属停车位标志

4.9.10 新增的指示标志

图 4-9-10　电动自行车车道标志

图 4-9-11　小型客车车道标志

图 4-9-12　有轨电车专用车道标志

图 4-9-13　非机动车与行人通行标志

图 4-9-14　非机动车推行标志

图 4-9-15　靠右侧车道行驶标志

图 4-9-16　货车通行标志

第5章
指路标志

5.1 一般道路指路标志

可以把一般道路指路标志划分为路径指引标志、地点指引标志、道路沿线设施指引标志和其他道路信息指引标志。

5.1.1 路径指引标志

（1）交叉路口预告标志

用以预告前方交叉路口形式、交叉公路的编号或交叉道路的名称、通往方向信息、地理方向信息以及距前方交叉路口的距离（图5-1-1～图5-1-3）。

图 5-1-1　四车道及以上公路交叉路口预告标志

该标志设在交叉路口告知标志前 150～500m 处。

（2）交叉路口告知标志

用以告知前方交叉路口的有关情况，包括前方交叉路口形式、交叉公路的编号或交叉道路的名称、通往方向信息、地理方向信息（图5-1-4～图5-1-9）。

图 5-1-2　大交通量的四车道及以上公路交叉路口预告标志

图 5-1-3　箭头杆上标识公路编号、道路名称的公路交叉路口预告标志

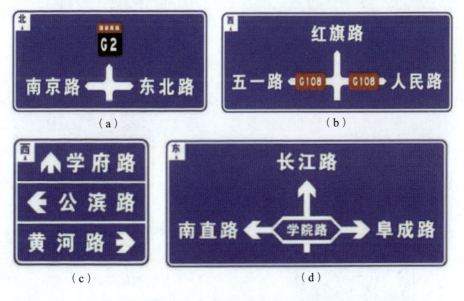

图 5-1-4　十字交叉路口告知标志

(a)

(b)

(c)

(d)

图 5-1-7　环形交叉路口告知标志

(a)

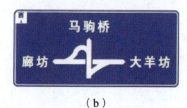

(b)

图 5-1-8　互通式立体交叉告知标志

(a)

(b)

图 5-1-9　分岔处告知标志

（3）确认标志

确认标志用于确认当前所在道路的信息，包括公路编号、街道名称、到达前方地点的距离信息等（图5-1-10～图5-1-16）。

(e)

图 5-1-5　丁字交叉路口告知标志

图 5-1-6　Y形交叉路口告知标志

C105

（a）国道编号

S203

（b）省道编号

X008

（c）县道编号

Y002

（d）乡道编号

图 5-1-10　公路编号标志

图 5-1-11　街道名称标志

图 5-1-12　路名牌

图 5-1-13　东西走向路名牌

图 5-1-14　南北走向路名牌

图 5-1-15　地点距离标志

图 5-1-16　确认地点距离的指路标志

5.1.2　地点指引标志

（1）地名标志

地名标志设置在道路沿线经过的市、县、镇、村的边缘处（图5-1-17）。

图 5-1-17　地名标志

（2）著名地点标志

著名地点标志设置在行政区划的分界处，板面朝向行车方向；或者设置在道路养护段、道班管辖分界处，板面平行于行车方向（图5-1-18）。

图5-1-18　著名地点标志

（3）分界标志

分界标志设置在行政区划的分界处，板面朝向行车方向；或者设置在道路养护段、道班管辖分界处，板面平行于行车方向（图5-1-19和图5-1-20）。

图5-1-19　行政区划分界标志

图5-1-20　道路管理分界标志

（4）地点识别标志

地点识别标志用于向道路使用者提供重要场所的识别和指向，该标志设置在所标识地点前适当位置（图5-1-21）。

（a）急救站识别标志

（b）飞机场识别标志

（c）某一方向有多个重要场所识别标志

图5-1-21　地点识别标志

5.1.3　道路沿线设施指引标志

（1）停车场（区）标志

停车场（区）标志设置在停车场（区）入口处附近（图5-1-22）。

（a）露天停车场　　（b）室内停车场

图5-1-22　停车场（区）标志

（2）错车道标志

错车道标志设置在靠双向错车道

困难的路段,用于提示车辆驾驶人前方有避让来车的路面(图5-1-23)。

图 5-1-23　错车道标志

(3)人行天桥标志

人行天桥标志用于标志道路前方有人行过街天桥(图5-1-24)。

图 5-1-24　人行天桥标志

(4)人行地下通道标志

人行天桥标志用于标志道路前方有人行过街地道(图5-1-25)。

图 5-1-25　人行地下通道标志

(5)残疾人专用设施标志

残疾人专用设施标志用于指示残疾人设施的位置(图5-1-26)。

图 5-1-26　残疾人专用设施标志

(6)观景台标志

观景台标志用于标明可供游人观赏风景的地点(图5-1-27和图5-1-28)。

(a)右侧观景台　　(b)左侧观景台

图 5-1-27　观景台标志

图 5-1-28　观景台标志的设置

图 5-1-30　休息区标志

（7）应急避难设施（场所）标志

设置在应急避难场所、隧道等设施的疏散通道以及其他应急避难设施附近，指示应急避难设施的位置（图 5-1-29）。

5.1.4　其他道路信息指引标志

（1）绕行标志

绕行标志用于告知车辆在前方路口绕行的路线（图 5-1-31 和图 5-1-32）。

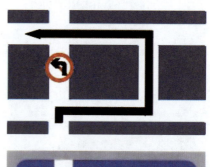

图 5-1-29　应急避难设施（场所）标志

（8）休息区标志

休息区标志用于向道路使用者提示路旁有休息区，该标志设置在靠近路旁休息区的适当位置（图 5-1-30）。

图 5-1-31　绕行标志

图 5-1-32　绕行标志的设置

（2）此路不通标志

此路不通标志用于告知前方是断头路，无法通行（图5-1-33）。

图 5-1-33　此路不通标志

（3）车道数变少及增加标志

车道数变少及增加标志表示前方道路车道数量减少，在外侧车道行驶的车辆驾驶人要做好向左侧车道变更的准备，以免发生车辆剐蹭事故（图5-1-34）。

图 5-1-34　车道数变少标志

车道数量增加标志表示前方道路车道数量增加，前车有可能因变更车道而减速行驶，后车应该及时调节车速，以免发生车辆追尾事故（图5-1-35）。

图 5-1-35　车道数增加标志

（4）交通监控设备标志

该标志设在图像采集等交通监控设备的路段适当位置，用于告知车辆驾驶人前方道路设置有固定式交通监控设施，驾驶人要谨慎驾驶（图5-1-36）。

图 5-1-36　交通监控设备标志的设置

（5）隧道出口距离预告标志

用于指示到前方隧道出口的距离。

设在长度超过3000m的特长隧道内，从距离隧道出口2000m处开始每500m设置一块，直至隧道出口。该标志一般设置在隧道侧壁上（图5-1-37）。

线形诱导标志应设置于行驶方向发生变化的路段，如小半径曲线路段、匝道、急弯路段等（图5-1-39）。

（a）向右侧弯曲

（b）向左侧弯曲

图5-1-37 隧道出口距离预告标志

图5-1-39 线形诱导标志的设置

红底白色图形的线形诱导标志用于引导车辆驾驶人绕开路面凸起的障碍物，设置在中央隔离设施端部、渠化设施的端部、桥头等地方（图5-1-40）。

（6）线形诱导标志

线形诱导标志用于对驾驶者引导或警告前方公路平面线形的变化，使其根据线形适当改变行车方向（图5-1-38）。

（a）两侧通行标志

（b）右侧通行标志

（c）左侧通行标志

图5-1-40 红色线形诱导标志

图5-1-38 线形诱导标志

（7）里程碑及里程牌

一般是指建立在道路旁边刻有数字的固定标志，通常每隔一段路便设立一个，以展示其位置及与特定目的地的距离。

里程碑设置于公路整千米桩号处，用以计算里程和标志地点位置。国道为白底红字；省道为白底蓝字；县道为白底黑字。里程碑应两面均写字（图5-1-41和图5-1-42）。

图 5-1-41　里程碑（一）　　　　　　图 5-1-42　里程牌（二）

5.2　高速公路及城市快速路指路标志

高速公路及城市快速路指路标志分为路径指引标志、沿线信息指引标志和沿线设施指引标志。

5.2.1　路径指引标志

（1）入口指引标志

❶ 入口预告标志，用于告知进入高速公路或城市快速公路的入口（图5-2-1～图5-2-3）。

　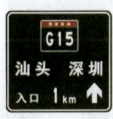　

（a）距入口2km　　　　　（b）距入口1km　　　　　（c）距入口500m

（d）右侧入口　　　　　（e）左侧入口

图 5-2-1　有统一编号高速公路或城市快速路入口预告标志

(a) 距入口2km　　　(b) 距入口1km　　　(c) 距入口500m

(d) 右侧入口　　　(e) 左侧入口

图 5-2-2　无统一编号高速公路或城市快速路入口预告标志

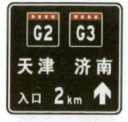 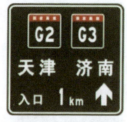 

(a) 距入口2km　　　(b) 距入口1km　　　(c) 距入口500m

(d) 右侧入口　　　(e) 左侧入口

图 5-2-3　两条高速公路共线时入口预告标志

❷ 地点、方向标志，用于告知高速公路或城市快速路两个行驶方向（图5-2-4）。

（a）不带编号标识的地点、方向标志　　（b）带编号标识的地点、方向标志

图 5-2-4　地点、方向标志

（2）行车确认标志

❶ 地点距离标志，用于预告高速公路或城市快速路前方所要经过的重要地点，道路的名称和距离（图5-2-5）。

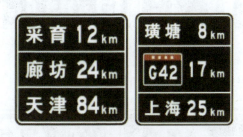

（a）一般情况的地点距离标志

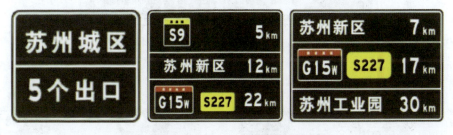

（b）城市区域多个出口时的地点距离标志

图 5-2-5　地点距离标志

❷ 命名编号标志，用于告知高速公路的名称与编号（图5-2-6）。

图 5-2-6　命名编号标志

❸ 路名标志，用于告知高速公路或城市快速路的名称（图5-2-7）。

图 5-2-7　路名标志

（3）出口指引标志

❶ 下一出口预告标志，用于预告下一个出口的信息和距离（图5-2-8）。

图 5-2-8　出口指引标志

❷ 出口编号标志，用于标识出口编号（图5-2-9）。

图 5-2-9　出口编号标志

❸ 出口预告标志，用于预告前方出口（图5-2-10和图5-2-11）。

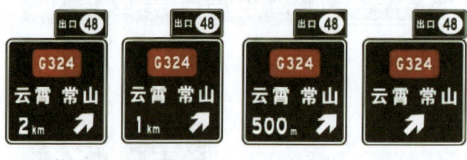

（a）距出口2km　　（b）距出口1km　　（c）距出口500m　　（d）到达出口

图 5-2-10　右侧出口预告标志

（a）距出口2km　　（b）距出口1km　　（c）距出口500m　　（d）到达出口

图 5-2-11　左侧出口预告标志

高速公路上车速较快，如图5-2-12～图5-2-15所示的驾驶行为不得出现。

图 5-2-12　在高速公路上逆行　　　　图 5-2-13　在高速公路上倒车

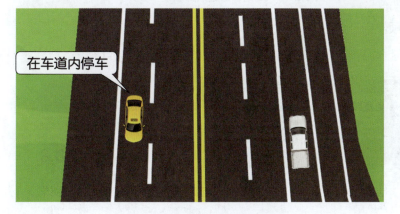

图 5-2-14　在高速公路车道内停车

扫一扫
看动画视频

高速公路禁止行为

图 5-2-15　穿越高速公路中央分隔带掉头

5.2.2　沿线信息指引标志

（1）起点标志

起点标志设置在高速公路或城市快速路的起点（图5-2-16）。

（a）有统一编号的高速公路起点标志　　（b）无统一编号的高速公路起点标志

图 5-2-16　高速公路起点标志

（2）终点预告标志

终点预告标志用于预告高速公路的终点（图5-2-17和图5-2-18）。

（a）距终点2km　　　　（b）距终点1km　　　　（c）距终点500m

图 5-2-17　有统一编号的高速公路终点预告标志

（a）距终点2km　　　　　（b）距终点1km　　　　　（c）距终点500m

图 5-2-18　无统一编号的高速公路终点预告标志

（3）终点提示标志

终点提示标志用于告知高速公路、城市快速路的终点（图 5-2-19）。

（4）终点标志

终点标志用于告知高速公路的终点（图 5-2-20 和图 5-2-21）。

图 5-2-19　终点提示标志　　图 5-2-20　有统一编号的高速公路终点标志　　图 5-2-21　无统一编号的高速公路终点标志

（5）交通信息标志

交通信息标志用于提示收听高速公路或城市快速公路交通信息广播的频率（图 5-2-22）。

（6）停车领卡标志

停车领卡标志用于提示停车领卡（图 5-2-23）。

图 5-2-22　交通信息标志　　　　　图 5-2-23　停车领卡标志

（7）车距确认标志

车距确认标志用于帮助车辆驾驶人确认与前车的距离（图5-2-24和图5-2-25）。

扫一扫
看动画视频

车距确认标志

图 5-2-24　车距确认标志

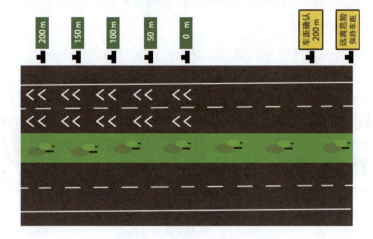

图 5-2-25　车距确认标志的设置

（8）特殊天气建议速度标志

特殊天气建议速度标志用于雨、雪、雾等不良气候下为车辆驾驶人提供建议行驶速度（图5-2-26和图5-2-27）。

图 5-2-26　特殊天气建议速度标志

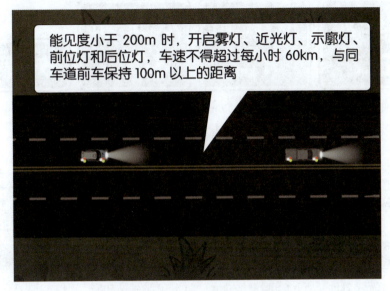

图 5-2-27　特殊天气建议行驶速度

5.2.3　沿线设施指引标志

（1）紧急电话标志

紧急电话标志用于指示高速公路紧急电话的位置（图5-2-28）。

（2）救援电话标志

救援电话标志用于告知救援电话号码（图5-2-29）。

扫一扫
看动画视频

恶劣气象条件
行驶规定

图 5-2-28　紧急电话标志

图 5-2-29　救援电话标志

（3）收费站预告及收费站标志

收费站预告及收费站标志用于告知前方收费部的距离和位置（图5-2-30和图5-2-31）。

（a）距收费站2km　　（b）距收费站1km　　（c）距收费站500m　　（d）收费站入口

图 5-2-30　不设电子不停车收费（ETC）车道的收费站预告及收费站标志

（a）距收费站2km　　（b）距收费站1km　　（c）距收费站500m　　（d）收费站入口

图 5-2-31　设有电子不停车收费（ETC）车道的收费站预告及收费站标志

（4）ETC车道指示标志

ETC（电子不停车收费）车道指示标志用于告知电子不停车收费车道。标志中黄色箭头的车道为ETC车道的位置（图5-2-32）。

（a）右侧车道为ETC车道　　（b）内侧车道为ETC车道

图 5-2-32　ETC车道指示标志

（5）计重收费标志

计重收费标志设置在靠近计重收费的收费站适当位置（图5-2-33）。

（6）加油站标志

加油站标志设置在通往加油站的入口附近，用于告知前方有加油站（图5-2-34）。

图 5-2-33　计重收费标志　　　图 5-2-34　加油站标志

（7）紧急停车带标志

紧急停车带标志设置在靠近紧急停车带的适当位置，用于告知前方道路有紧急停车的位置（图 5-2-35 和图 5-2-36）。

图 5-2-35　紧急停车带标志　　　图 5-2-36　紧急停车带设置

（8）服务区预告标志

服务区预告标志用于预告服务区的位置（图 5-2-37）。

（a）距服务区2km　　（b）距服务区1km　　（c）减速车道起点　（d）服务区入口

图 5-2-37　服务区预告标志

（9）停车区预告标志

停车区预告标志用于预告停车区的位置（图5-2-38）。

（a）距停车区1km　　　（b）减速车道起点　　　（c）停车区入口

图 5-2-38　停车区预告标志

（10）停车场预告及停车场标志

停车场预告标志用于预告停车场的距离，设置在接地停车场一定的距离时（图5-2-39）。停车场标志见图5-2-40。

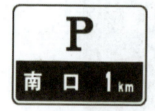  

（a）距停车场1km　　　（b）减速车道起点　　　（c）停车场入口

图 5-2-39　停车场预告标志

（a）露天停车场　　　（b）室内停车场

图 5-2-40　停车场标志

（11）爬坡车道标志

爬坡车道标志用于告知前方最右侧车道是大型重载车辆爬坡专用的车道（图5-2-41）。

（a）爬坡车道渐变段起点　　（b）爬坡车道渐变段起点

（c）爬坡车道　　　　　　（d）爬坡车道结束

图 5-2-41　爬坡车道标志

（12）超限检测站标志

超限检测站标志用于预告超限检测站的位置（图5-2-42）。

（a）距检测站2km　　　　（b）距检测站1km

（c）距检测站500m　　　　（d）检测站入口

图 5-2-42　超限检测站标志

第6章
其他标志

6.1 旅游区标志

提供旅游景点方向、距离的标志。颜色为棕色底、白色字符图案;形状为长方形和正方形。旅游区标志又可分为指引标志和旅游符号两大类,设置在需要指示旅游景点方向、距离的路段或交叉口附近。

6.1.1 旅游区距离标志

旅游区距离标志用于告知到达旅游区的距离(图6-1-1和图6-1-2)。

图 6-1-1　旅游区距离标志

图 6-1-2　道路上的旅游区距离标志

6.1.2 旅游区方向标志

旅游区方向标志用于告知到达旅游区的方向(图6-1-3)。

（a）设在交叉路口　　　　（b）设在减速车道起点

图 6-1-3　旅游区方向标志

6.1.3　旅游符号

旅游符号用于提供前往各旅游景点的指引，以便让游客了解景点的旅游项目（图6-1-4）。

（a）问讯处标志　　（b）徒步标志　　（c）索道标志　　（d）野营地标志

（e）营火标志　　（f）游戏场标志　　（g）骑马标志　　（h）钓鱼标志

（i）高尔夫球标志　　（j）潜水标志　　（k）游泳标志　　（l）划船标志

图 6-1-4

（m）冬季游览区标志　　　（n）滑雪标志　　　（o）滑冰标志

图 6-1-4　旅游符号

6.2　道路施工安全标志

道路施工安全标志是通告道路施工区通行的标志，用于提醒车辆驾驶人和行人注意，通告高速公路及一般道路交通阻断、绕行等情况，设在道路施工、养护等路段前适当位置（图6-2-1）。

施工路栏	施工路栏	
锥形交通标	锥形交通标	道口标柱
前方施工	前方施工	道路施工
道路封闭	道路封闭	道路封闭
右道封闭	右道封闭	右道封闭
左道封闭	左道封闭	左道封闭

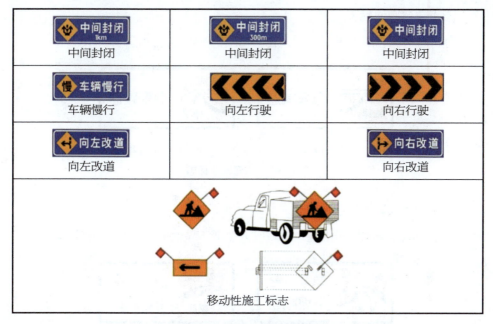

图 6-2-1 道路施工安全标志

6.3 告示标志

告示标志一般为白底、黑字、黑图形、黑边框，必要时版面中的图形标识可采用彩色图案。

6.3.1 行车安全提醒标志

行车安全提醒标志用于在车辆行驶中提醒驾驶人需要注意的情况或需要避免的驾驶行为。

（1）严禁酒后驾车标志

严禁酒后驾车标志用于提醒车辆驾驶人不要酒后驾车（图6-3-1）。

（2）严禁乱扔弃物标志

严禁乱扔弃物标志用于提醒驾乘人员不要向车外抛撒物品（图6-3-2）。

图 6-3-1 严禁酒后驾车标志

图 6-3-2 严禁乱扔弃物标志

（3）急弯减速标志

急弯减速标志用于提醒驾驶人在急弯路行驶时要减速慢行（图6-3-3）。

（a）向右急转弯　　　　　（b）向左急转弯

图6-3-3　急弯减速标志

（4）急下坡减速标志

急下坡减速标志用于提醒车辆驾驶人急弯下坡时减速慢行（图6-3-4）。

（a）向右急弯下坡　　　　（b）向左急弯下坡

图6-3-4　急下坡减速标志

（5）系安全带标志

系安全带标志用于提醒驾乘人员要按照规定使用安全带（图6-3-5）。

（6）大型车靠右标志

大型车靠右标志用于提醒车速较慢的大型车辆驾驶人靠道路右侧行驶（图6-3-6）。

（7）驾驶时禁用手机标志

驾驶时禁用手机标志用于提醒驾驶人驾驶车时不要使用手机（图6-3-7）。

图6-3-5　系安全带标志　　图6-3-6　大型车靠右标志　　图6-3-7　驾驶时禁用手机标志

6.3.2 校车停靠点标志

校车停靠点标志用于提醒车辆驾驶人注意此处为校车停靠站点（图6-3-8）。

图 6-3-8 校车停靠点标志

6.4 辅助标志

6.4.1 表示时间的辅助标志

表示时间的辅助标志可对主标志进行时段规定（图6-4-1和图6-4-2）。

  （a）规定某一个时段   （b）规定某两个时段

图 6-4-1 表示时间的辅助标志

图 6-4-2 表示时间的辅助标志的设置

6.4.2 表示车辆种类及属性的辅助标志

表示车辆种类及属性的辅助标志可规定主标志指向的车辆种类及属性（图6-4-3）。

（a）机动车　　　　　（b）货车

（c）除公共汽车外　　（d）货车拖拉机　　（e）私人专属

图6-4-3　表示车辆种类及属性的辅助标志

6.4.3 表示方向的辅助标志

表示方向的辅助标志用于规定主标志所指方向（图6-4-4）。

（a）向前　　　（b）向左、向右　　　（c）向右　　　（d）向左

（e）左前方　　（f）右前方　　（g）右转弯　　（h）左转弯

图6-4-4　表示方向的辅助标志

6.4.4 表示区域或距离的辅助标志

表示区域或距离的辅助标志用于规定主标志所指区域或距离（图6-4-5）。

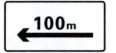
（a）向左100m标志

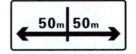
（b）向左、向右各50m标志

（c）向右100m标志

（d）某区域内标志　　　（e）距离某地200m标志

图 6-4-5　表示区域或距离的辅助标志

6.4.5　表示警告、禁令理由的辅助标志（图6-4-6）

（a）学校标志

（e）教练车行驶路线标志

（b）海关标志

（c）事故标志

（d）塌方标志

（f）校车停靠点标志

图 6-4-6　表示警告、禁令理由的辅助标志

6.4.6 组合辅助标志

当需要用辅助标志表达两条以上信息时，可采用组合辅助标志（图6-4-7）。

图 6-4-7　组合辅助标志

中篇
道路交通标线

第7章
交通标线概述

7.1 交通标线的概念

交通标线是指在道路的路面上用线条、箭头、文字、立面标记、突起路标和轮廓标等向交通参与者传递引导、限制、警告等交通信息的标识。其作用是管制和引导交通，可以与标志配合使用，也可单独使用。

高速公路、一级公路、二级公路和城市快速路、主干路应按标准规定设置反光交通标线，其他道路可根据需要按标准设置交通标线。

7.2 不同线条的功用

7.2.1 白色虚线

画于路段中时，用以分隔同向行驶的交通流或作为行车安全距离识别线；画于路口时，用以引导车辆行进（图7-2-1）。

图 7-2-1 白色虚线

7.2.2 白色实线

画于路段中时,用以分隔同向行驶的机动车和非机动车,或指示车行道的边缘;画于路口时,可用作导向车道线或停止线(图7-2-2)。

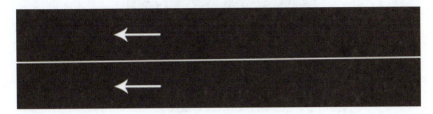

图 7-2-2 白色实线

7.2.3 黄色虚线

画于路段中时,用以分隔对向行驶的交通流;画于路侧或缘石上时,用以禁止车辆长时在路边停放(图7-2-3)。

图 7-2-3 黄色虚线

7.2.4 黄色实线

画于路段中时,用以分隔对向行驶的交通流;画于路侧或缘石上时,用以禁止车辆长时或临时在路边停放(图7-2-4)。

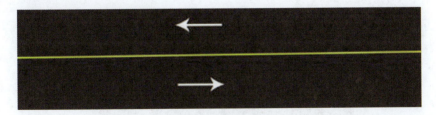

图 7-2-4 黄色实线

7.2.5 双白虚线

画于路口时,作为减速让行线;画于路段中时,作为行车方向随时间改变的可变车道线(图7-2-5)。

图 7-2-5 双白虚线

7.2.6 双白实线

画于路口时,作为停车让行线(图7-2-6)。

图 7-2-6 双白实线

7.2.7 双黄实线

画于路段中时,用以分隔对向行驶的交通流(图7-2-7)。

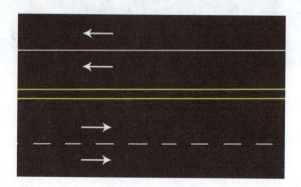

图 7-2-7 双黄实线

7.2.8 双黄虚线

画于路段上的双黄虚线，表示该车道是潮汐车道（图7-2-8）。

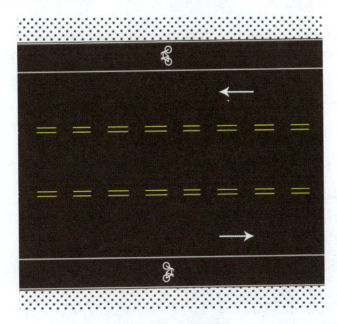

图 7-2-8　双黄虚线

7.2.9 黄色虚实线

画于路段中时，用以分隔对向行驶的交通流；黄色实线一侧禁止车辆超车、跨越或回转，黄色虚线一侧在保证安全的情况下准许车辆超车、跨越或回转（图7-2-9）。

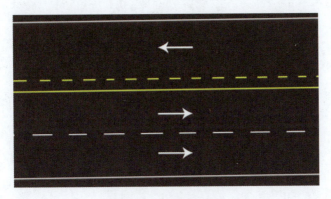

图 7-2-9　黄色虚实线

7.3 交通标线的种类

7.3.1 道路交通标线按功能分类

❶ 指示标线：指示车行道、行车方向、路面边缘、人行道等的标线。
❷ 禁止标线：告示道路交通的遵行、禁止、限制等特殊规定的标线。
❸ 警告标线：促使道路使用者了解道路上的特殊情况，提高警觉，准备防范或应变措施的标线。

7.3.2 道路交通标线按设置方式分类

❶ 纵向标线：沿道路行车方向设置的标线。
❷ 横向标线：与道路行车方向成一定角度设置的标线。
❸ 其他标线：字符标记或其他形式标线。

7.3.3 道路交通标线按形态分类

❶ 线条：施划于路面、缘石或立面上的实线或虚线。
❷ 字符：施划于路面上的文字、数字及各种图形、符号。
❸ 突起路标：安装于路面上用于标示车道分界、边缘、分合流、弯道、危险路段、路宽变化、路面障碍物位置等的反光或不反光体。
❹ 轮廓标：安装于道路两侧，用以指示道路的方向、车行道边界轮廓的反光柱（或反光片）。

第8章
指示标线

8.1 可跨越对向车行道分界线

可跨越对向车行道分界线（也叫道路中心虚线）为黄色虚线，画在车道中间，用于分隔对向行驶的车流，在不影响对向来车的前提下，可以越线超车或左转弯（图8-1-1）。

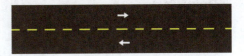

图 8-1-1 可跨越对向车行道分界线

双向两车道的道路，以道路中心线为基准，各自在右侧的车道内通行（图8-1-2）。

图 8-1-2 车辆通行

扫一扫
看动画视频

可跨越对向车行道
分界线

8.2 | 可跨越同向车行道分界线

可跨越同向车行道分界线（也叫车道分离界线）为白色虚线，用于分隔相同方向的机动车道，在保障安全的情况下，允许车辆越线超车或变更车道（图8-2-1）。

扫一扫
看动画视频
可跨越同向车行道
分界线

图 8-2-1　可跨越同向车行道分界线

8.3 | 潮汐车道线

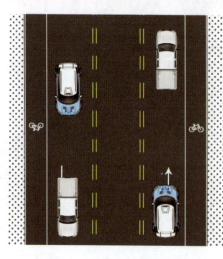
图 8-3-1　潮汐车道线行驶

潮汐车道就是可变车道，城市内部根据早晚交通流量不同情况，对有条件的道路设置一个或多个车辆行驶方向，规定随不同时段变化的车道（图8-3-1）。

交警可根据现场交通情况，通过手持遥控器，控制可变分向行驶车道标志，随时调整车道行驶方向。

8.4　车行道边缘线

机动车道与非机动车道之间施划的交通标线称为车行道边缘线，简称机非分界线。

当机非分界线为白色实线时，不允许机动车进入右侧的非机动车道，也不允许非机动车进入左侧的机动车道（图8-4-1）。

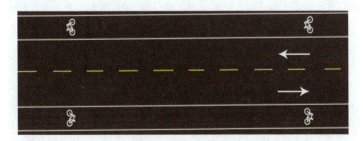

图 8-4-1　车行道边缘白色实线

当机非分界线为白色虚线时，允许车辆临时越线行驶，但是，越线行驶的车辆应该避让正常通行的车辆和行人（图8-4-2）。

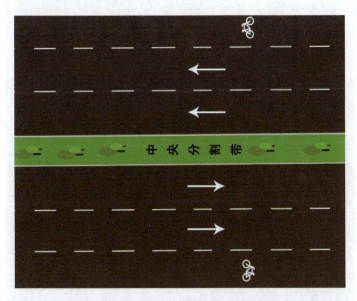

图 8-4-2　车行道边缘白色虚线

当机非分界线为白色虚实线时，虚线一侧的车辆可以越线行驶，以便引导车辆靠边停车和驶离停车地点。白色虚实线施划在公交站点和允许路边停车的路段（图8-4-3）。

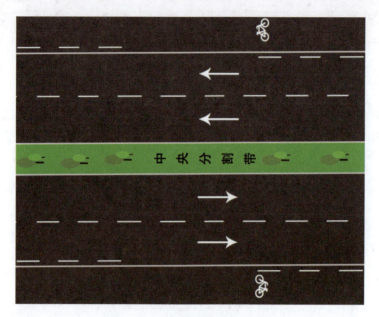

图 8-4-3　车行道边缘白色虚实线

当两侧为通行方向相反的非机动车道、中间为一条机动车的单行道时，机动车道左侧的机非分界线为黄色单实线，用以分隔对向行驶的机动车和非机动车；机动车道右侧的机非分界线为白色单实线，用以分隔同向行驶的机动车和非机动车（图8-4-4）。

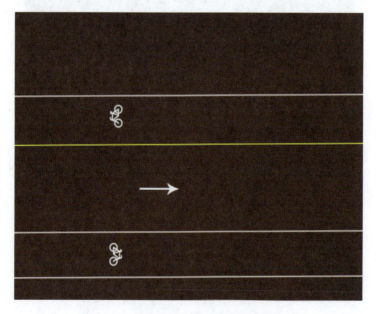

图 8-4-4　黄色和白色单实线车行道边缘线

8.5 左转弯待转区线

左转弯车道前方的白色虚线为左转弯待转区线,用以提供左转弯车辆的待转区域。当左转弯车道右侧的直行车道为绿灯时,左转弯车辆应该进入待转区,直行时段结束,不允许车辆在待转区内停留(图8-5-1和图8-5-2)。

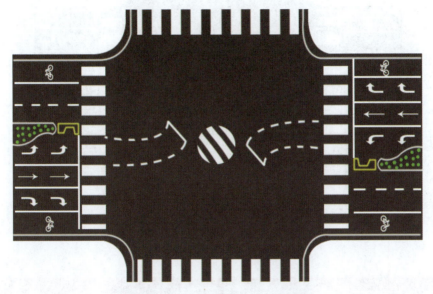

图 8-5-1 有中心圈的左转弯待转区线

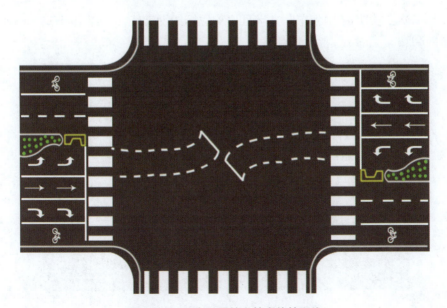

图 8-5-2 无中心圈的左转弯待转区线

8.6　直行待行区线

直行待行区线在直行车道前方设置了直行车辆的等候区域（图8-6-1）。

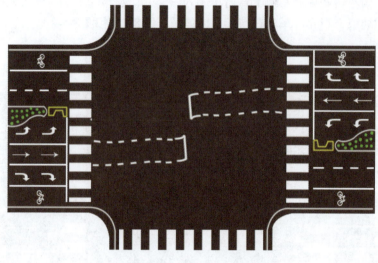

图 8-6-1　直行待行区线

8.7　出租车专用待客停车位标线

停车位内附加"出租车"文字且停车位标线为实线，允许出租车停车待客（图8-7-1）。

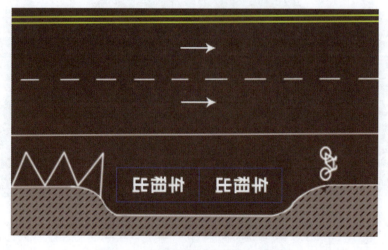

图 8-7-1　出租车专用待客停车位标线

8.8 出租车专用上下客停车位标线

停车位内附加"出租车"文字且停车位标线为虚线,仅允许出租车短时停车上下客(图8-8-1)。

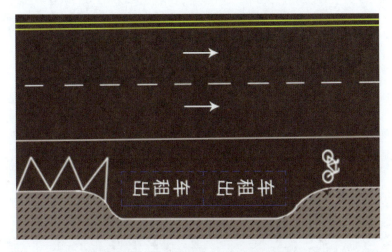

图 8-8-1 出租车专用上下客停车位标线

8.9 非机动车车道路面标记

地面画有固定的位置,并且有非机动车标识,属于非机动车专用停车位(图8-9-1)。

图 8-9-1 非机动车车道路面标记

8.10 白色半圆状车距确认线

以白色半圆状作为车距确认线,设置在气象条件复杂、影响安全行车的路段两侧,每隔50m设置一个,作为车辆驾驶人保持行车安全距离的参考(图8-10-1)。

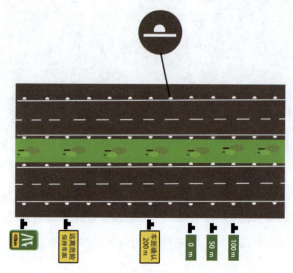

图 8-10-1　白色半圆状车距确认线

8.11 白色折线车距确认线

以白色折线作为车距确认标线,两道为一组,每组间隔50m,作为车辆驾驶人保持行车安全距离的参考(图8-11-1)。

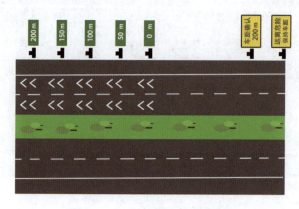

图 8-11-1　白色折线车距确认线

8.12 残疾人专用停车位标线

残疾人专用车辆或载有残疾人的车辆专用的停车位，其他车辆不得占用（图8-12-1）。

图 8-12-1　残疾人专用停车位标线

8.13 港湾式停靠站标线

标示车辆通向专门的分离引道的路径和停靠位置，由渐变段引道白色虚线、正常段外缘白色实线或白色填充线组成（图8-13-1）。

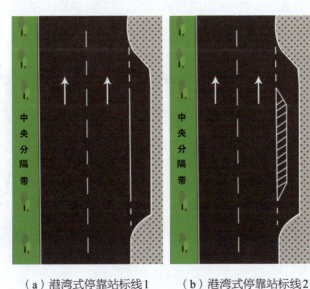

（a）港湾式停靠站标线1　　（b）港湾式停靠站标线2

图 8-13-1　港湾式停靠站标线

8.14 车种专用港湾式停靠站标线

与停靠站中间标注的车辆类型文字（如公交车、校车等）相符的特定车辆停靠，除特定车辆外，其他车辆不得在此区域停留（图8-14-1）。

（a）车种专用港湾式停靠站标线1　　（b）车种专用港湾式停靠站标线2

图 8-14-1　车种专用港湾式停靠站标线

8.15 出口标线

出口标线为白色，一般由出口的纵向标线和三角地带标线组成（图8-15-1）。用于引导驶出车辆的运行轨迹，使车辆安全交汇，减少与突出缘石碰撞的可能。

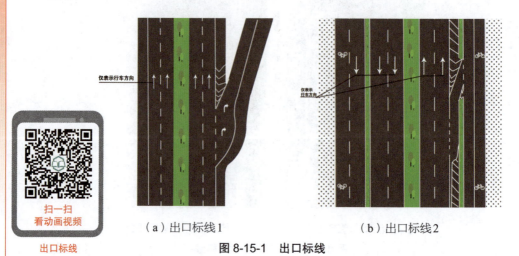

（a）出口标线1　　（b）出口标线2

图 8-15-1　出口标线

8.16 垂直式机动车限时停车位标线

机动车限时停车位表示机动车只能在停车位内标注的时段停放,其他时段禁止停放(图 8-16-1)。

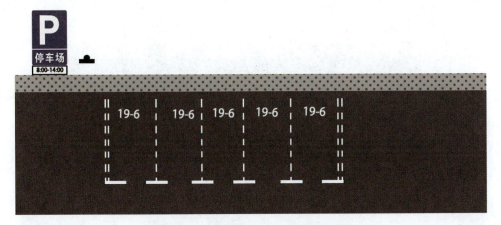

图 8-16-1　垂直式机动车限时停车位标线

8.17 固定停车方向停车位标线

停车位对车辆停车方向有特殊要求,箭头所指方向标示停车后车头的朝向(图 8-17-1)。

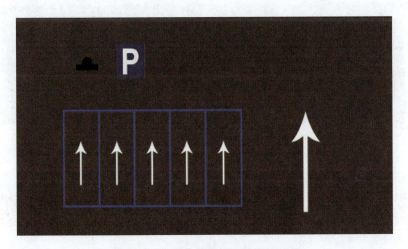

图 8-17-1　固定停车方向停车位标线

8.18 倾斜式停车位标线

车辆与通道方向成30°～60°角停放在停车位内（图8-18-1）。

图 8-18-1　倾斜式停车位标线

8.19 平行式机动车限时停车位标线

平行式机动车限时停车位表示机动车只能在停车位内标注的时段停放，其他时段禁止停放（图8-19-1）。

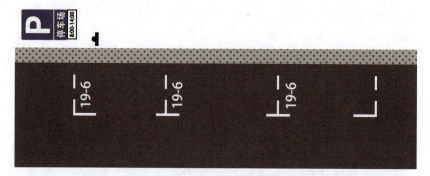

图 8-19-1　平行式机动车限时停车位标线

8.20 倾斜式机动车限时停车位标线

倾斜式机动车限时停车位表示机动车只能在停车位内标注的时段停放，其他时段禁止停放（图8-20-1）。

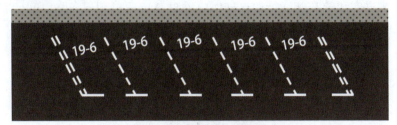

图 8-20-1　倾斜式机动车限时停车位标线

8.21 行人左右分道的人行横道线

并列设置两道人行横道线,表示前方路口为行人过街交通量特别大的路口,行人依照方向箭头指示靠左右分道过街(图 8-21-1)。

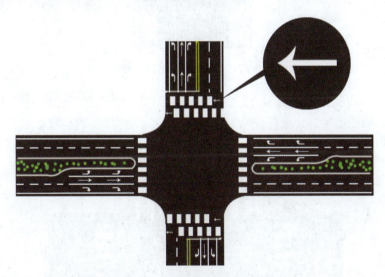

图 8-21-1　行人左右分道的人行横道线

8.22 路口导向线

在面积大、形状不规则的平面交叉路口,可以设置路口导向线,将左转弯车辆的入口车道与出口车道用虚线连接起来，以便引导左转弯车辆的行驶轨迹，让通过路口的车流更加顺畅。

白色虚线路口导向线，左转弯的机动车在导向线的左侧通行，左转弯的非机动车在导向线的右侧通行，这样可以缩短左转弯机动车在路口的行驶距离，同时还可以实现机动车和非机动车在路口内的分离（图8-22-1）。

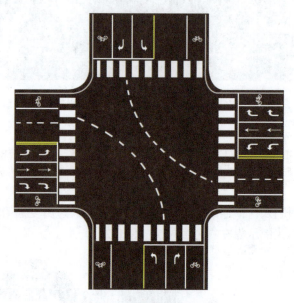

图 8-22-1　白色虚线路口导向线

将左转弯的入口车道与最近的出口车道用黄色虚线连接起来，可以引导左转弯的车辆走捷径，以缩短左转弯车辆通过路口的时间（图8-22-2）。

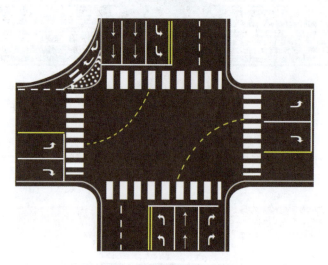

图 8-22-2　黄色虚线路口导向线

8.23 人行横道预告标识线

白色菱形图案，提示车辆驾驶人注意道路前方设置了人行横道线，需提前减速慢行（图8-23-1）。

图 8-23-1　人行横道预告标识线

入口标线

8.24 入口标线

入口标线为白色，一般由入口的纵向标线和三角地带标线组成。

用于引导驶入车辆的运行轨迹，使车辆安全交汇，减少与突出缘石碰撞的可能（图8-24-1）。

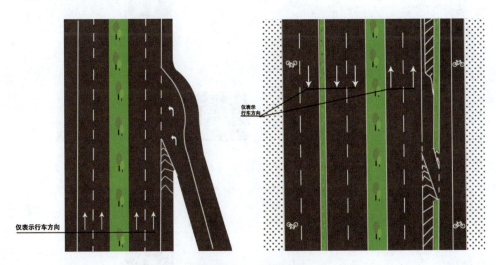

图 8-24-1　入口标线

8.25 右弯或需向右合流

导向箭头颜色为白色,用以指示车辆向右行驶(图8-25-1)。

8.26 左弯或需向左合流

导向箭头颜色为白色,用以指示车辆向左行驶(图8-26-1)。

图 8-25-1 右弯或需向右合流

图 8-26-1 左弯或需向左合流

8.27 人行横道线

人行横道线(斑马线)为白色平行粗实线,标示一定条件下准许行人横穿道路的路径,同时警示机动车驾驶人注意行人及非机动车过街(图8-27-1)。

机动车禁止在人行横道线上停车,通过人行横道时应减速慢行,遇到行人需停车礼让。

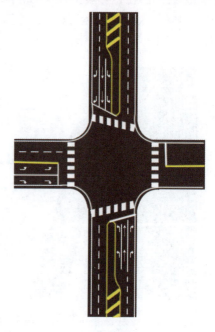

图 8-27-1 人行横道线(斑马线)

8.28 右转

导向箭头颜色为白色,用以指示车辆向右行驶(图8-28-1)。

8.29 左转

导向箭头颜色为白色,用以指示车辆向左行驶(图8-29-1)。

图 8-28-1　右转

图 8-29-1　左转

8.30 直行或左转

导向箭头颜色为白色,用以指示车辆直行或左转(图8-30-1)。

8.31 直行或右转

导向箭头颜色为白色,用以指示车辆直行或右转(图8-31-1)。

图 8-30-1　直行或左转

图 8-31-1　直行或右转

8.32 直行或掉头

导向箭头颜色为白色,用以指示车辆的行驶方向(图8-32-1)。

8.33 直行

导向箭头颜色为白色,用以指示车辆直行(图8-33-1)。

图 8-32-1　直行或掉头　　　　　　图 8-33-1　直行

8.34 垂直式停车位标线

车辆垂直于通道方向停放在停车位内(图8-34-1)。

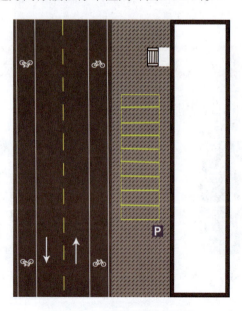

图 8-34-1　垂直式停车位标线

8.35 注意前方路面状况标线

以白色实折线表示,在不易发现前方路面状况发生变化的路段,提醒驾驶人注意尽早采取措施(图8-35-1)。

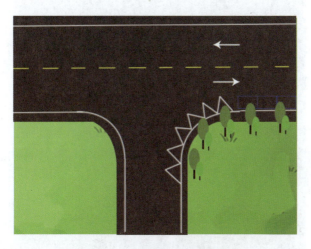

图 8-35-1 注意前方路面状况标线

扫一扫
看动画视频

注意前方路面状况标线

8.36 路边式停靠站标线

指示公共汽车或校车停靠站的位置,并指示除公共汽车或校车外,其他车辆不得在此区域停留(图8-36-1)。

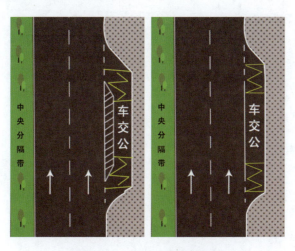

图 8-36-1 路边式停靠站标线

8.37 平行式停车位标线

车辆平行于通道方向停放在停车位内（图8-37-1）。

图 8-37-1　平行式停车位标线

第9章
禁止标线

9.1 双黄实线禁止跨越对向车行道分界线

双黄实线通常施划在同方向有两条或两条以上机动车道的道路上,车辆行驶中不得碾压双黄实线,不得越过双黄实线超越前车(图9-1-1)。

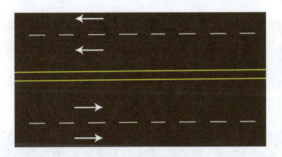

图 9-1-1 双黄实线

双黄实线禁止跨越对向车行道分界线

为了防止同一机动车道内的车辆相互超车,车道的宽度应该是车宽加横向安全间距,车宽的上限为2.75m,横向安全间距的上限为1.0m。所以,机动车道的宽度应控制在3.75m之内。为了保证机动车道的宽度不超过规定值,可以增大双黄线的间距,当双黄线的间距超过50cm时,会在双黄线之间施划黄色平行线(图9-1-2)。

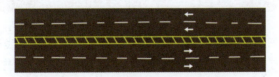

图 9-1-2 间距较大的黄色双实线

9.2 黄色虚实线禁止跨越对向车行道分界线

利用黄色虚实线分隔对向行驶的车流,黄色虚实线的实线一侧不允许车辆压线行驶,虚线一侧在确保安全的前提下可以短时间越线超车(图9-2-1)。

扫一扫
看动画视频

1. 黄色虚实线禁止跨越对向车行道分界线
2. 黄色单实线禁止跨越对向车行道分界线

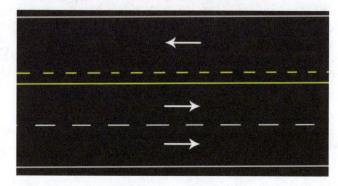

图 9-2-1　黄色虚实线

9.3 黄色单实线禁止跨越对向车行道分界线

在双向两车道的道路,如果道路中心施划的是黄色单实线,表示禁止车辆压线行驶或越线超车(图9-3-1)。

图 9-3-1　黄色单实线

9.4 三车行道道路直线段黄色虚实线

此标线为三车道标线,表示严格禁止车辆越线超车或压线行驶(图中箭头仅表示车流行驶方向)。过渡区的导流线为实线,不允许车辆进入(图9-4-1)。

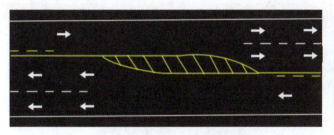

图 9-4-1　三车行道道路直线段黄色虚实线

扫一扫
看动画视频

三车行道道路直线段黄色虚实线

9.5　禁止长时停车线

禁止长时停车线为黄白相间的线条，施划在路缘石的表面，表示该路段禁止在路边长时间停车，但允许上下人员或装卸货物的车辆临时停车（图9-5-1）。

图 9-5-1　禁止长时停车线

9.6　禁止停车线

禁止停车线为黄色线条，画在路缘石的表面，表示该路段禁止在路边长时间和临时停车，包括上下人员或装卸货物的车辆临时停车（图9-6-1）。

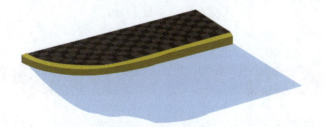

图 9-6-1　禁止停车线

9.7 停止线

停止线为白色实线，位于人行横道线的后方，表示车辆等候放行（图9-7-1）。

图 9-7-1　停止线

9.8 停车让行线

在没有交通信号灯的交叉路口，本着方便多数和干道优先的原则，设置了停车让行线。停车让行线包括两条白色平行实线和一个白色"停"字。车辆行驶至施划有停车让行线的路口时，驾驶人要停车观察干道有无过往车辆，在不影响干道车辆正常行驶的情况下，才能进入前方的路口（图9-8-1）。

图 9-8-1　停车让行线

9.9 减速让行线

在没有交通信号灯的交叉路口，本着方便多数和干道优先的原则，设置了减速让行线。减速让行线包括两条白色平行虚线和一个白色倒三角形。车辆行驶至施划有减速让行线的路口时，驾驶人要降低车速，观察干道有无过往车辆，要让干道车辆优先通行（图9-9-1）。

图 9-9-1　减速让行线

9.10　非机动车禁驶区标线

非机动车禁驶区标线由四个方向的黄色虚线构成，路口内的非机动车不得进入黄色虚线构成的四边形区域内。左转弯的非机动车要围绕四边形的外围，经过两次放行信号完成左转弯（图9-10-1）。

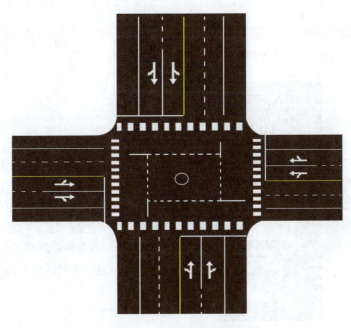

图 9-10-1　非机动车禁驶区标线

9.11 圆形中心圈

圆形中心圈施划在交叉路口的中心位置，左转弯的机动车以中心圈为基准转小弯，左转弯的非机动车以中心圈为基准转大弯，以便实现机动车和非机动车在交叉路口内的分离（图9-11-1）。

9.12 菱形中心圈

设在平面交叉路口的中心，用以区分车辆大、小转弯或作为交叉口车辆左右转弯的指示，车辆不得压线行驶（图9-12-1）。

图 9-11-1　圆形中心圈

图 9-12-1　菱形中心圈

9.13 网状线

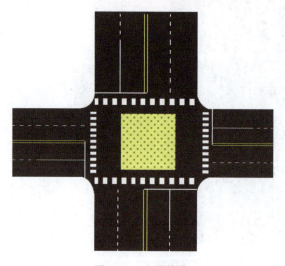

在交叉路口，如果一个方向的车流处于滞留状态，与其垂直方向的车辆也将无法通过。为了避免出现这种情况，可以在路口的一定范围内施划网状线，在网状线划定的区域，车辆不得以任何理由停留（图9-13-1）。

图 9-13-1　网状线

9.14 可简化网状线

严格禁止一切车辆长时或临时停车，防止交通阻塞（图9-14-1）。

图 9-14-1　可简化网状线

扫一扫
看动画视频

1.大型车道线
2.多乘员车辆专用车道线

9.15 大型车道线

在车行道内施划"大型车"路面文字，表示大型车应该在该车道内行驶（图9-15-1）。

9.16 多乘员车辆专用车道线

由白色虚线及白色文字"多乘员专用"组成，表示该车道为有多个乘车人的多乘员车辆专用的车道，未载乘客或乘客数未达到规定的车辆不得入内行驶（图9-16-1）。

图 9-15-1　大型车道线

图 9-16-1　多乘员车辆专用车道线

9.17 公交专用车道线

如图 9-17-1（a）所示，位于道路右侧的公交专用车道为分段专用车道，在 7:00-9:00 和 17:00-19:30 这两个交通高峰期的时间段内，仅供公交车使用，其他车辆不得驶入。

如图 9-17-1（b）所示，位于道路右侧的车道为快速公交专用车道，其他车辆不得驶入。

（a）

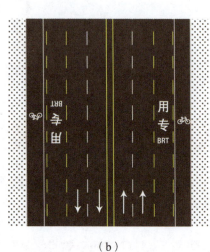
（b）

图 9-17-1　公交专用车道线

9.18 禁止跨越同向车行道分界线

白色实线，禁止车辆跨越车行道分界线进行变换车道或借道超车（图 9-18-1）。

扫一扫
看动画视频

禁止跨越同向车行道
分界线

图 9-18-1　禁止跨越同向车行道分界线

9.19 小型车专用车道线

在车行道内施划"小型车"路面文字,表示该车道为小型车专用车道(图9-19-1)。

扫一扫
看动画视频

小型车专用车道线

图 9-19-1　小型车专用车道线

9.20 平面环形交叉口导流线

导流线的颜色为白色,与道路中心线相连时,也可用黄色。标线形式可分为单实线、V形线和斜纹线三种(图9-20-1)。车辆在交叉口需按规定的路线行驶,不得压线或越线行驶。

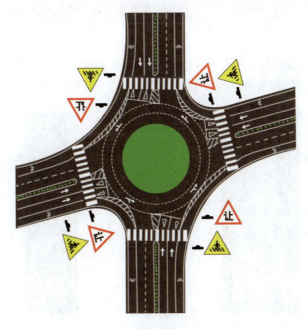

图 9-20-1　平面环形交叉口导流线

9.21　非机动车道线

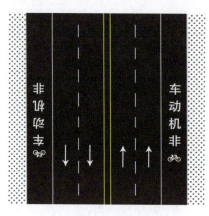

由车道线、非机动车标记图案和"非机动车"文字组成，表示该车道为非机动车道，除特殊点段外，机动车不得进入（图9-21-1）。

图 9-21-1　非机动车道线

9.22　禁止掉头标记

由黄色导向箭头和黄色叉形标记左右组合而成，黄色叉形标记位于左侧，表示本路口或区间禁止车辆掉头（图9-22-1）。

9.23　禁止转弯标记

由黄色导向箭头和黄色叉行标记左右组合而成，黄色叉标记位于左侧，表示本路口或区间禁止车辆掉头转弯（图9-23-1）。

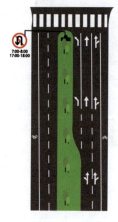

图 9-22-1　禁止掉头标记

图 9-23-1　禁止转弯标记

第10章 警告标线

10.1 双车行道变为四车行道渐变段标线

双车行道变为四车行道渐变段标线用于警告车辆驾驶人路宽或车道变化，应谨慎行车，并禁止超车（图10-1-1）。

图 10-1-1 双车行道变为四车行道渐变段标线

10.2 三车行道变为双车行道渐变段标线

三车行道变为双车行道渐变段标线用于警告车辆驾驶人路宽或车道变化，应谨慎行车，并禁止超车（图10-2-1）。

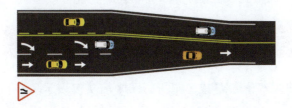

图 10-2-1 三车行道变为双车行道渐变段标线

扫一扫
看动画视频

1.双车行道变为四车道渐变段标线
2.三车行道变为双车行道渐变段标线

10.3 四车行道变为双车行道渐变段标线

四车行道变为双车行道渐变段标线用于警告车辆驾驶人路宽或车道变化，应谨慎行车，并禁止超车（图10-3-1）。

扫一扫
看动画视频
四车行道变为双车行道渐变段标线

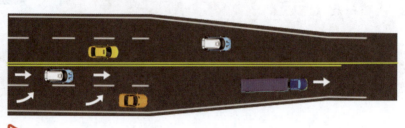

图10-3-1　四车行道变为双车行道渐变段标线

10.4 四车行道变为三车行道渐变段标线

四车行道变为三车行道渐变段标线用于警告车辆驾驶人路宽或车道变化，应谨慎行车，并禁止超车（图10-4-1）。

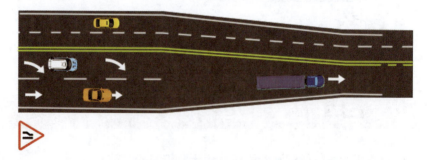

图10-4-1　四车行道变为三车行道渐变段标线

10.5 车行道纵向减速标线

警告车辆驾驶人本车道需减速慢行，图中箭头仅表示车流行驶方向（图10-5-1）。

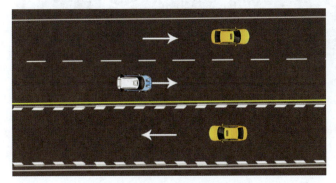

扫一扫
看动画视频

1.车行道纵向减速标线
2.三车行道道路填充线渐变段标线

图 10-5-1　车行道纵向减速标线

10.6　三车行道道路填充线渐变段标线

　　三车行道道路填充线渐变段标线用于警告车辆驾驶人路宽或车道变化，应谨慎行车，并禁止超车（图10-6-1）。

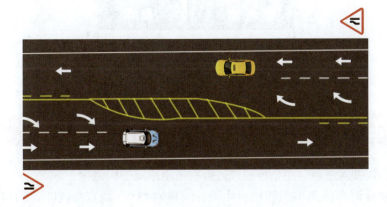

图 10-6-1　三车行道道路填充线渐变段标线

10.7　铁道平交路口标线

　　指示前方有铁道平交路口，警告车辆驾驶人应在停车线处停车，在确认安全的情况下或信号灯放行时，才可通过（图10-7-1）。

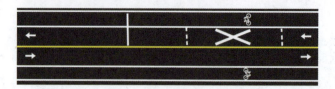

图 10-7-1　铁道平交路口标线

10.8　收费广场减速标线

减速标线可分为横向减速标线和纵向减速标线，是设置在收费站广场、出口匝道或其他要求车辆减速路段的白色虚线，其形式有单虚线、双虚线和三虚线，垂直于行车方向设置（图10-8-1）。

图 10-8-1　收费广场减速标线

10.9　立面标记

提醒驾驶人注意，在车行道或近旁有高出路面的构造物。

立面标记为黄黑相间的倾斜线条，倾角为45°，线宽及其间隔均为15cm，设置时应将向下倾斜的一边朝向车行道（图10-9-1）。

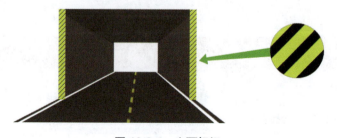

图 10-9-1　立面标记

10.10　车行道横向减速标线

警告车辆驾驶人本车道需减速慢行（图10-10-1）。

图 10-10-1　车行道横向减速标线

10.11　收费岛地面标线

在收费岛迎车流方向标示收费车道的位置，为通过车辆提供清晰标记（图10-11-1）。

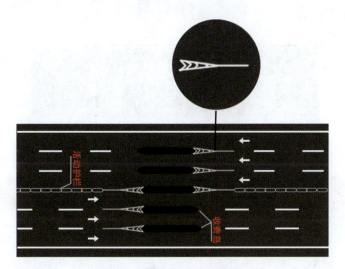

图 10-11-1　收费岛地面标线

10.12　双向两车行道接近道路中心障碍物标线

指示路面有固定性障碍物，警告车辆驾驶人谨慎行车，引导交通流顺畅驶离障碍物区域（图10-12-1）。

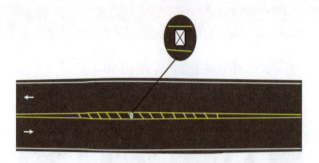

图 10-12-1　双向两车行道接近道路中心障碍物标线

10.13　接近车行道中障碍物标线

指示路面有固定性障碍物，警告车辆驾驶人谨慎行车，引导交通流顺畅驶离障碍物区域（图10-13-1）。

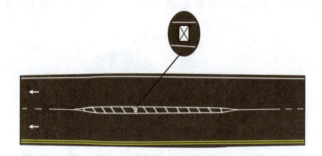

图 10-13-1　接近车行道中障碍物标线

10.14　双向四车行道接近道路中心障碍物标线

用于指示路面有固定性障碍物，警告车辆驾驶人谨慎行车（图10-14-1）。

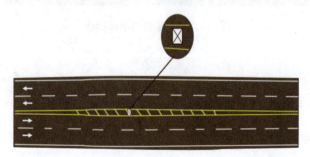

图 10-14-1　双向四车行道接近道路中心障碍物标线

下篇
交警手势和交通事故责任认定

第11章 交警手势

下面是2020年新交通警察指挥手势信号,交警手势信号主要有停止信号、直行信号、左转弯信号、左转弯待转信号、右转弯信号、变道信号、减速慢行信号、示意车辆靠边停车信号。

11.1 停止信号

不准前方车辆通行。

❶ 左臂由前向上直伸与身体成135°,掌心向前与身体平行,五指并拢,面部及目光平视前方(图11-1-1)。

❷ 左臂垂直放下,恢复立正姿势(图11-1-2)。

扫一扫
看动画视频

停止信号

(a)侧面

(b)正面

图11-1-1 停止信号(一)

还原

图11-1-2 停止信号(二)

11.2 直行信号

准许右方直行的车辆通行。

❶ 左臂向左平伸与身体成90°，掌心向前，五指并拢，面部及目光同时转向左方45°（图11-2-1）。

❷ 右臂向右平伸与身体成90°，掌心向前，五指并拢，面部及目光同时转向右方45度（图11-2-2）。

图11-2-1　直行信号（一）　　图11-2-2　直行信号（二）

❸ 右臂水平向左摆动与身体成90°，小臂弯曲至与大臂成90°，掌心向内与左胸衣兜相对，小臂与前胸平行，面部及目光同时转向左方45°（图11-2-3）。

❹ 右大臂不动，右小臂水平向右摆动与身体成90°，掌心向左，五指并拢（图11-2-4）。

图11-2-3　直行信号（三）　　图11-2-4　直行信号（四）

❺ 右小臂弯曲至与大臂成90°，掌心向内与左胸衣兜相对，与前胸平行，完成第二次摆动（图11-2-5）。

❻ 收右臂（图11-2-6）。

❼ 收左臂，面部及目光转向前方，恢复立正姿势（图11-2-7）。

图 11-2-5　直行信号（五）　　　图 11-2-6　直行信号（六）　　　图 11-2-7　直行信号（七）

11.3 左转弯信号

准许车辆左转弯，在不妨碍被放车辆通行的情况下可以掉头。

❶ 右臂向前平伸与身体成90°，掌心向前，手掌与手臂夹角不低于60°，五指并拢，面部及目光同时转向左方45°（图11-3-1）。

扫一扫
看动画视频

左转弯信号

（a）正面　　　　　　　　（b）侧面

图 11-3-1　左转弯信号（一）

❷ 左臂与手掌平直向右前方摆动，手臂与身体成45°，掌心向右，中指尖至上衣中缝，高度至上衣最下面一个纽扣（图11-3-2）。

（a）正面　　　　　　（b）侧面

图11-3-2　左转弯信号（二）

❸ 左臂回位至不超过裤缝，面部及目光保持目视左方45°，完成第一次摆动（图11-3-3）。

（a）正面　　　　　　（b）侧面

图11-3-3　左转弯信号（三）

❹ 重复❷动作（图11-3-4）。

（a）正面　　　　　　　　（b）侧面

图 11-3-4　左转弯信号（四）

❺ 重复❸动作，完成第二次摆动（图11-3-5）。
❻ 收右臂，面部及目光转向前方，恢复立正姿势（图11-3-6）。

（a）正面　　　　　（b）侧面　　　　　还原

图 11-3-5　左转弯信号（五）　　图 11-3-6　左转弯信号（六）

11.4 左转弯待转信号

准许左方左转弯的车辆进入路口，沿左转弯行驶方向靠近路口中心，等候左转弯信号。

❶ 左臂向左平伸与身体成45°，掌心向下，五指并拢，面部及目光同时转向左方45°（图11-4-1）。

（a）正面　　　　　　（b）侧面

图 11-4-1　左转弯待转信号（一）

❷ 左臂与手掌平直向下方摆动，手臂与身体成15°，面部及目光保持目视左方45°，完成第一次摆动（图11-4-2）。

（a）正面　　　　　　（b）侧面

图 11-4-2　左转弯待转信号（二）

❸ 重复❶动作（图11-4-3）。

（a）正面　　　　　　（b）侧面

图 11-4-3　左转弯待转信号（三）

❹ 重复❷动作，完成第二次摆动（图11-4-4）。
❺ 收左臂，面部及目光转向前方，恢复立正姿势（图11-4-5）。

（a）正面　　　　　　（b）侧面　　　　　　　　还原

图 11-4-4　左转弯待转信号（四）　　图 11-4-5　左转弯待转信号（五）

11.5 右转弯信号

❶ 左臂向前平伸与身体成90°，掌心向前，手掌与手臂夹角不低于60°，五指并拢，面部及目光同时转向右方45°（图11-5-1）。

扫一扫
看动画视频

右转弯信号

（a）正面　　　　　　（b）侧面

图 11-5-1　右转弯信号（一）

❷ 右臂与手掌平直向左前方摆动，手臂与身体成45°，掌心向左，中指尖至上衣中缝，高度至上衣最下面一个纽扣（图11-5-2）。

（a）正面　　　　　　（b）侧面

图 11-5-2　右转弯信号（二）

❸右臂回位至不超过裤缝,面部及目光保持目视右方45°,完成第一次摆动(图11-5-3)。

(a)正面　　　　　(b)侧面

图 11-5-3　右转弯信号(三)

❹重复❷动作(图11-5-4)。

(a)正面　　　　　(b)侧面

图 11-5-4　右转弯信号(四)

❺ 重复❸动作，完成第二次摆动（图11-5-5）。
❻ 收左臂，面部及目光转向前方，恢复立正姿势（图11-5-6）。

（a）正面　　　　　　　　（b）侧面　　　　　　　　还原

图 11-5-5　右转弯信号（五）　　　　图 11-5-6　右转弯信号（六）

11.6　变道信号

车辆腾空指定的车道，减速慢行。

❶ 面向来车方向，右臂向前平伸与身体成90°，掌心向左，五指并拢，面部及目光平视前方（图11-6-1）。

扫一扫
看动画视频

变道信号

（a）正面　　　　　　　　（b）侧面

图 11-6-1　变道信号（一）

❷ 右臂向左水平摆动与身体成45°,完成第一次摆动(图11-6-2)。

(a)正面　　　　　(b)侧面

图 11-6-2　变道信号(二)

❸ 恢复至❶动作(图11-6-3)。

(a)正面　　　　　(b)侧面

图 11-6-3　变道信号(三)

❹ 重复❷动作，完成第二次摆动（图11-6-4）。
❺ 收右臂，恢复立正姿势（图11-6-5）。

（a）正面　　　　　　　（b）侧面　　　　　　　　还原

图11-6-4　变道信号（四）　　　图11-6-5　变道信号（五）

11.7 车辆慢行信号

❶ 右臂向右前方平伸，与肩平行，与身体成135度，掌心向下，五指并拢，面部及目光同时转向右方45°（图11-7-1）。

扫一扫
看动画视频

车辆慢行信号

（a）正面　　　　　　　（b）侧面

图11-7-1　车辆慢行信号（一）

❷ 右臂与手掌平直向下方摆动，手臂与身体成45°，面部及目光保持目视右方45°，完成第一次摆动（图11-7-2）。

（a）正面　　　　　　　　　（b）侧面

图 11-7-2　车辆慢行信号（二）

❸ 重复❶动作（图11-7-3）。

（a）正面　　　　　　　　　（b）侧面

图 11-7-3　车辆慢行信号（三）

❹ 重复❷动作,完成第二次摆动(图11-7-4)。
❺ 收右臂,面部及目光转向前方,恢复立正姿势(图11-7-5)。

(a)正面

(b)侧面

图 11-7-4 车辆慢行信号(四)

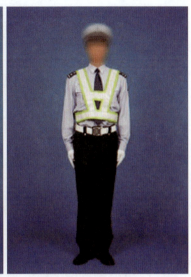
还原

图 11-7-5 车辆慢行信号(五)

11.8 示意车辆靠边停车信号

❶ 面向来车方向,右臂前伸与身体成45°,掌心向左,五指并拢,面部及目光平视前方(图11-8-1)。

(a)正面

(b)侧面

图 11-8-1 示意车辆靠边停车信号(一)

扫一扫
看动画视频

示意车辆靠边
停车信号

❷ 左臂由前向上伸直与身体成135°,掌心向前与身体平行,五指并拢(图11-8-2)。

(a)正面　　　　(b)侧面

图 11-8-2　示意车辆靠边停车信号(二)

❸ 右臂向左水平摆动与身体成45°,完成第一次摆动(图11-8-3)。

(a)正面　　　　(b)侧面

图 11-8-3　示意车辆靠边停车信号(三)

❹ 右臂恢复至 ❷ 动作（图11-8-4）。

（a）正面　　　　　　　　（b）侧面

图 11-8-4　示意车辆靠边停车信号（四）

❺ 重复 ❸ 动作，完成第二次摆动（图11-8-5）。

（a）正面　　　　　　　　（b）侧面

图 11-8-5　示意车辆靠边停车信号（五）

❻ 右臂恢复至 ❷ 动作（图11-8-6）。

（a）正面　　　　　（b）侧面

图 11-8-6　示意车辆靠边停车信号（六）

❼ 双臂同时放下，恢复立正姿势（图11-8-7）。

还原

图 11-8-7　示意车辆靠边停车信号（七）

第12章
交通事故责任认定

12.1 追尾事故

在相同车道行驶的机动车发生追尾事故,后方车辆要负全部责任。图12-1-1中A车为全责。

图 12-1-1　追尾事故

扫一扫
看动画视频

追尾事故

12.2 倒车溜车

在正常行驶状态下，前方车辆无故倒车造成事故的，责任全部要由前车承担。图12-2-1中A车为全责。

注：车上的箭头为车辆的行驶方向。

1. 倒车溜车
2. 越线超车
3. 开关车门未排查周围情况

图12-2-1 倒车溜车

12.3 越线超车

中心黄色双实线表示严格禁止车辆跨线超车或压线行驶，一旦车辆因超车越线发生事故就要负责全部责任。

黄色虚线可以并线，调换车道，但一旦因超车越线发生事故就将负全部责任。

图12-3-1中A车为全责。

12.4 开关车门未排查周围情况

打开车门未排查周围情况，开车门一方要负事故全部责任。

图12-4-1中A车为全责。

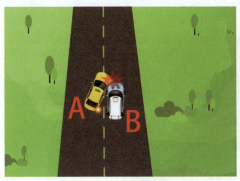
图 12-3-1 越线超车

图 12-4-1 开关车门未排查周围情况

12.5 掉头未让行

掉头车辆未让对面直行车，造成事故要由掉头车辆承担全部责任。图 12-5-1 中 A 车为全责。

图 12-5-1 掉头未让行

扫一扫
看动画视频

掉头未让行

12.6 驶入专用车道

未按规定时间驶入专用车道，造成事故的要负全部责任。

图 12-6-1 中 A 车为全责。

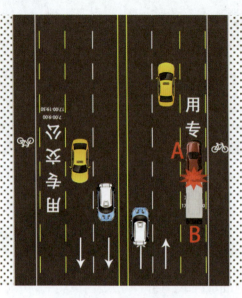

图 12-6-1　驶入专用车道

12.7 变更车道

变更车道车辆与正常车道行驶的车辆发生事故，要负全部责任。

图 12-7-1 中 A 车为全责。

扫一扫
看动画视频

1.驶入专用车道
2.变更车道

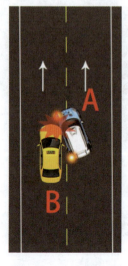

图 12-7-1　变更车道

12.8 遇到障碍的车辆未让行

有障碍物路段会车时,无障碍一方享有优先权,有障碍物的一方需让行,造成事故要由遇到障碍的车承担全部责任。

图12-8-1中A车为全责。

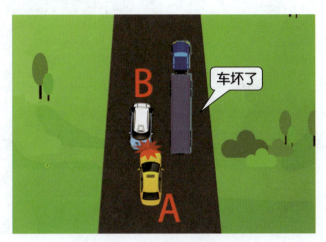

图 12-8-1　遇到障碍的车辆未让行

12.9 会车时超车

会车时超车,与对面车辆造成事故,要承担全部责任。

图12-9-1中A车为全责。

图 12-9-1　会车时超车

扫一扫
看动画视频

1.遇到障碍的车辆未让行
2.会车时超车

12.10 交叉路口超车

交叉路口超车造成事故，要承担全部责任。

图 12-10-1 中 A 车为全责。

扫一扫
看动画视频

1. 交叉路口超车
2. 进出或穿越道路的车辆未让行

图 12-10-1　交叉路口超车

12.11 进出或穿越道路的车辆未让行

进出或穿越道路时未让行，要承担全部责任。

图 12-11-1 中 A 车为全责。

图 12-11-1　进出或穿越道路的车辆未让行

12.12 进环岛车辆未让行

进出或穿越环岛车辆未让行，要承担全部责任。

图 12-12-1 中 A 车为全责。

图 12-12-1 进环岛车辆未让行

12.13 有信号灯路口未让先被放行的车

有信号灯路口未让先被放行的车，要承担全部责任。
图 12-13-1 中 A 车为全责。

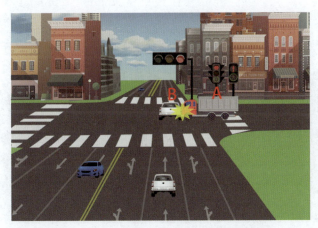

图 12-13-1 有信号灯路口未让先被放行的车

扫一扫
看动画视频

1. 有信号灯路口未让先被放行的车
2. 无信号灯路口未按提示标志让行

12.14 无信号灯路口未按提示标志让行

无信号灯路口未按提示标志让行，要承担全部责任。
图 12-14-1 中 A 车为全责。

图 12-14-1　无信号灯路口未按提示标志让行

12.15 无信号灯路口未让右侧的车辆

无信号灯路口未让右侧的车辆，要承担全部责任。

图 12-15-1 中 A 车为全责。

扫一扫
看动画视频

无信号灯路口未让
右侧的车辆

图 12-15-1　无信号灯路口未让右侧的车辆

12.16 无信号灯路口右转车辆未让左转车

无信号灯路口右转车辆未让左转车，要承担全部责任。

图 12-16-1 中 A 车为全责。

图 12-16-1　无信号灯路口右转车辆未让左转车

12.17 有信号灯路口右转车未让直行的放行车辆

有信号灯路口右转车未让直行的放行车辆，要承担全部责任。

图 12-17-1 中 A 车为全责。

扫一扫
看动画视频

有信号灯路口
右转车未让直行
的放行车辆

图 12-17-1　有信号灯路口右转车未让直行的放行车辆

12.18 有信号灯路口左转车未让直行的放行车辆

有信号灯路口左转车未让直行的放行车辆，要承担全部责任。

图 12-18-1 中 A 车为全责。

161

扫一扫
看动画视频

1.有信号灯路口左转车未让直行的放行车辆
2.右侧超车
3.超越左转弯与掉头车辆

图 12-18-1　有信号灯路口左转车未让直行的放行车辆

12.19 | 右侧超车

右侧超车发生事故，超车车辆要承担全部责任。

图 12-19-1 中 A 车为全责。

12.20 | 超越左转弯与掉头车辆

超越左转弯与掉头车辆，超车车辆要承担全部责任。

图 12-20-1 中 A 车为全责。

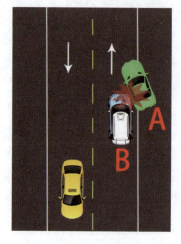

图 12-19-1　右侧超车　　　　图 12-20-1　超越左转弯与掉头车辆

本书配套动画视频清单

序号	视频内容	页码
1	车辆右转弯注意事项	008
	车辆左转弯注意事项	
2	直行车让行——交叉路口相遇的车辆	010
	直行车让行——三个方向同时有直行车辆	
	直行车让行——十字路口各个方向都有来车	
3	T形交叉路口驾驶注意事项	011
4	陡坡标志驾驶注意事项	016
5	道路宽度变化驾驶注意事项	018
6	禁止向右转弯标志	038
7	禁止掉头标志	040
8	环岛行驶标志	049
9	最低限速标志	053
10	分向行驶车道标志	056
11	高速公路禁止行为	075
12	车距确认标志	078
13	恶劣气象条件行驶规定	079
14	可跨越对向车行道分界线	099
15	可跨越同向车行道分界线	100
16	出口标线	108

续表

序号	视频内容	页码
17	入口标线	113
18	注意前方路面状况标线	117
19	双黄实线禁止跨越对向车行道分界线	119
20	黄色虚实线禁止跨越对向车行道分界线	120
	黄色单实线禁止跨越对向车行道分界线	
21	三车行道道路直线段黄色虚实线	121
22	大型车道线	125
	多乘员车辆专用车道线	
23	禁止跨越同向车行道分界线	126
24	小型车专用车道线	127
25	双车行道变为四车行道渐变段标线	129
	三车行道变为双车行道渐变段标线	
26	四车行道变为双车行道渐变段标线	130
27	车行道纵向减速标线	131
	三车行道道路填充线渐变段标线	
28	交通警察指挥手势——停止信号	136
29	交通警察指挥手势——直行信号	137
30	交通警察指挥手势——左转弯信号	138
31	交通警察指挥手势——右转弯信号	143
32	交通警察指挥手势——变道信号	145
33	交通警察指挥手势——车辆慢行信号	147

续表

序号	视频内容	页码
34	交通警察指挥手势——示意车辆靠边停车信号	149
35	追尾事故	153
36	倒车溜车	154
	越线超车	
	开关车门未排查周围情况	
37	掉头未让行	155
38	驶入专用车道	156
	变更车道	
39	遇到障碍的车辆未让行	157
	会车时超车	
40	交叉路口超车	158
	进出或穿越道路的车辆未让行	
41	有信号灯路口未让先被放行的车	159
	无信号灯路口未按提示标志让行	
42	无信号灯路口未让右侧的车辆	160
43	有信号灯的路口右转车未让直行的放行车辆	161
44	有信号灯的路口左转车未让直行的放行车辆	162
	右侧超车	
	超越左转弯与掉头车辆